새 이화 한국어

새 이화 한국어 4-1

지은이 이화여자대학교 언어교육원(김현진·배재원·이민경·윤여옥·전우주·최형연·주현하)
감수 박선희

펴낸날 1판 1쇄 2025년 3월 4일

펴낸이 주소현 **펴낸곳** 이화여자대학교출판문화원
주소 서울특별시 서대문구 이화여대길 52 **등록** 1954년 7월 6일 제9-61호
전화 02-3277-2965(편집), 02-362-6076(마케팅) **팩스** 02-312-4312
전자우편 press@ewha.ac.kr **홈페이지** www.ewhapress.com

책임편집 이혜지, 김가영 **디자인** 프로스트아이디어
일러스트 정윤서 **사진촬영** 강지민 **사진편집** 김재인
촬영지원 언어교육원 행정실 **녹음** 오렌지 커뮤니케이션즈 **성우** 권도일, 이아름

ISBN 979-11-5890-540-8 14710
979-11-5890-490-6 (세트)

* 사진 촬영에 협조해 주신 Emile Pison Diepvens, Doan Dang Pham, Pattranit Weerachaiwichit, Sabrina Adeola Odofin, Sara Kristin Hagmueller, Xue Min Huai, Li Yixin, 양혜윤, 신희연, 권민경, 김서현, 문치홍 님에게 감사를 드립니다.

* 잘못된 책은 구입처에서 바꾸어 드립니다.

새 이화 한국어

이화여자대학교 언어교육원 지음

김현진 · 배재원 · 이민경
윤여옥 · 전우주 · 최형연 · 주현하

4-1

이화여자대학교출판문화원

머리말

이화여자대학교 언어교육원은『이화 한국어』를 발간한 지 12년 만에 새로운 의사소통 중심 교재『새 이화 한국어』를 발간하게 되었습니다. 지난 10여 년 동안『이화 한국어』는 세계 각국에서 사용되어 왔으며 현재까지도 외국인들에게 좋은 학습의 길잡이가 되고 있습니다. 그러나 교수·학습 환경이 나날이 변화하고 한국어 학습자의 요구가 다양해짐에 따라 이에 부응할 새로운 교재의 필요성이 대두되었습니다. 이화여자대학교 언어교육원은 오랜 한국어 교육 경험과 연구를 바탕으로『이화 한국어』를 전면적으로 혁신할 새로운 교재 개발에 착수하였고, 약 3년의 작업 끝에 마침내『새 이화 한국어』를 세상에 내놓게 되었습니다.

『새 이화 한국어 4』는 듣기, 말하기, 읽기, 쓰기의 통합 교재로 다음의 특징이 있습니다. 먼저 한 단원을 세 개의 소단원으로 구성하여 하나의 주제에 대하여 다양한 기능을 충분히 연습할 수 있도록 설계하였습니다. 또한 문법의 비중을 낮추고 재미있으면서도 실제적인 의사소통 과제의 비중을 높임으로써 수업 내용이 실생활로 전이될 수 있도록 하였습니다.

특히 이 교재는 네 가지 언어 기능의 균형 있는 발전을 유도하면서도 말하기 능력을 강화하도록 고안된 것이 특징입니다. 이를 위해 대화, 역할극, 그룹 활동 등 방식과 참여 인원을 다양화하여 말하기 과제를 제시하였습니다. 이러한 과제를 통해 학습자들이 다양한 상황에서 주도적으로 말하기를 이끌어가는 능력을 기를 수 있을 것으로 기대됩니다. 어휘, 문법은 언어 지식을 쌓는 것에 그치지 않도록 듣기, 말하기, 읽기, 쓰기와의 연계를 활용한 유의미한 연습을 제시하였습니다. 그리고 듣기와 쓰기, 읽기와 말하기, 읽기와 쓰기 등 여러 언어 기능을 연계한 통합 과제를 제시함으로써 구어와 문어 학습이 긴밀하게 연계될 수 있도록 구성하였습니다.

이 교재가 발간되기까지 정말 많은 분들의 땀과 노고가 있었습니다. 이화여자대학교 언어교육원을 대표하여, 좋은 교재를 개발하기 위해 밤낮으로 고민하고 집필에 매진하신 저자 분들께 깊은 감사를 드립니다. 또한 교재가 발간되기까지 여러 가지 행정적 지원을 아끼지 않고 수고해 주신 언어교육원 행정실에도 진심으로 감사를 드립니다. 그리고 이 교재가 이렇게 멋진 모습으로 발간될 수 있도록 편집과 출판을 맡아 주신 이화여자대학교출판문화원에도 깊은 감사의 마음을 전합니다.

이 교재가 국내외에서 널리 활용되어 한국어를 쉽고 재미있고 효과적으로 교수·학습하는 데에 크게 기여하기를 바랍니다. 아울러 앞으로 나아가야 할 한국어 교육의 방향을 선도하는 역할도 하게 되기를 기대합니다.

2025년 3월

이화여자대학교 언어교육원

원장 박선희

교재 구성표

단원	단원명	소단원 1				소단원 2		
		제목	어휘와 표현	문법	듣기	제목	문법	듣고 쓰기
1	만남과 시작	처음이어서인지 긴장돼요	시작	A/V-아/어서인지 A/V-(으)ㄴ/는 셈이다	새 학기 시작 소감과 각오에 대한 대화 듣기	지금까지 했듯이 열심히 하면 될 거예요	A/V-듯(이)	스무 살에게 해 주고 싶은 조언에 대한 인터뷰 듣고 쓰기
2	즐거운 여가 생활	발레를 배우기 시작했다면서요?	여가 활동과 그 특징	A/V-(ㄴ/는)다면서요? 어찌나 A/V-(으)ㄴ/는지	새로 시작한 여가 활동에 대한 대화 듣기	편지도 주고 같이 사진도 찍고 해서 좋았어요	A/V-고 해서	좋아하는 가수의 팬 미팅에 대한 대화 듣고 쓰기
3	변화하는 사회	시간이 지날수록 세대 차이를 느껴요	세대 차이	A/V-(으)ㄹ수록 A/V-더니	세대 차이에 대한 대화 듣기	전에 말한 대로 사라진 것도 많아요	A/V-(으)ㄴ/는 대로	사라지는 것에 대한 대화 듣고 쓰기
4	인터넷과 생활	영상이 안 올라왔던데 무슨 일이 있었어요?	인터넷 사용	A/V-던데 V-는 바람에	즐겨 보는 동영상 채널에 대한 대화 듣기	의심이 가는 뉴스를 본다면 정보 출처를 확인하시기 바랍니다	A/V-(ㄴ/는)다면	가짜 뉴스에 대한 전문가와의 인터뷰 듣고 쓰기
5	명절과 축제	비가 오더라도 행사는 진행될 예정이에요	축제	A/V-(으)므로 A/V-더라도	학교 축제 행사에 대한 안내 방송 듣기	축제 준비가 잘되기는커녕 장소도 아직 못 정했어요	A/V-기는커녕	지역 축제에 대한 뉴스 인터뷰 듣고 쓰기
6	소비와 절약	외식을 줄이고 보니 식비가 절약됐어요	알뜰한 소비	A/V-든지 V-고 보다	생활비 지출에 대한 대화 듣기 더 (이)든지	공동 구매하면 할인되거니와 편리해서 좋습니다	A/V-거니와	생활비 절약 방법에 대한 1인 방송 듣고 쓰기

읽고 말하기	소단원 3				
	제목	어휘와 표현	문법	말하기(기능)	읽고 쓰기(전략)
좌우명에 대해 읽고 말하기 더 A/V-(으)ㄹ 뿐이다	꿈을 꾸며 살아야 합니다	만남 후의 변화	A/V-(으)며	인생에서 이루고 싶은 목표에 대해 설명하기 • 10년 후에 이루고 싶은 목표 말하기 • 인생을 어떻게 살고 싶은지 말하기	특별한 만남에 대한 서술의 글 읽고 쓰기 • 대용어의 의미 찾기
가수의 팬이 된 후 생긴 긍정적인 변화에 대해 읽고 말하기	산이면 산, 바다면 바다 아름답지 않은 곳이 없어요	여행지의 인상적인 장면과 여행 소감	N(이)면	여행에 대한 소감 말하기 • 여행에서 무엇이 좋았는지 강조해서 말하기 • 기억에 남는 장면에 대한 소감 말하기 더 A-(으)ㄴ가요?, V-나요?	기억에 남는 건축물을 묘사하는 글 읽고 쓰기 • 공간 묘사하는 내용 찾으며 읽기
사회적 인식이 달라진 직업에 대해 읽고 말하기	행복한 삶이란 뭘까요?	사회 현상	N(이)란	행복한 삶에 대해 말하기 • 상대방의 말을 듣고 상대방과 의견이 다름을 말하기 • 행복한 삶에 대해 자신의 생각 말하기	결혼에 대한 인식 변화의 기사 읽고 쓰기 • 미리 훑어 읽기 더 N에 따르면
스마트폰 사용을 줄이는 방법에 대해 읽고 말하기 더 V-(으)ㄴ 결과	그건 거의 안 쓰다시피 했어요	인터넷 중고 거래	V-다시피 하다	인터넷 중고 거래에 대해 설명하기 • 중고 거래로 물건을 파는 이유 말하기 • 물건 상태에 따른 적당한 가격 묻기	중고품을 판매하는 광고의 글 읽고 쓰기 • 사실과 의견 구분하기
축제 기획에 대해 읽고 말하기	성묘도 다녀오고 명절 음식을 먹기도 하면서 보내요	명절	A/V-기도 하다	두 나라의 새해 풍습 비교하기 • 고향에 잠시 다녀올 것에 대해 말하기 • 한국 사람들이 설날에 하는 여러 가지 일에 대해 말하기 더 (이)라도	두 나라의 명절에 대한 비교의 글 읽고 쓰기 • 공통점 찾으며 읽기
물건을 싸게 구입하는 방법에 대해 읽고 말하기 더 N에 따라	용돈을 받자마자 다 써 버렸어요	소비 습관	V-아/어 버리다	자신의 소비 습관에 대해 말하기 • 충동구매를 하는 소비 습관에 대해 말하기 • 잘못된 소비 습관을 고치기 어려움 말하기	잘못된 소비 습관에 대한 예시의 글 읽고 쓰기 • 의미상 같은 단락으로 묶고 중심 내용 파악하기

더 더 알아보기

교재 구성과 사용법

- 『새 이화 한국어 4』는 총 200시간 분량의 한국어 교재이다.
- 『새 이화 한국어 4』는 '국제 통용 한국어 표준 교육과정' 4급, '유럽공통참조기준(CEFR)' B2에 해당된다.
- 『새 이화 한국어 4』는 두 권으로 나뉘어 있으며 (4-1, 4-2), 『새 이화 한국어 4-1』은 1~6단원, 『새 이화 한국어 4-2』는 7~12단원으로 구성되어 있다.
- 각 단원은 세 개의 소단원으로 구성되어 있으며 세부 내용은 아래와 같다.

단원				
	소단원 1	**소단원 2**	**소단원 3**	
도입 듣기	어휘와 표현 1 문법 1, 2 듣기	문법 3 듣고 쓰기 읽고 말하기	어휘와 표현 2 문법 4 말하기 읽고 쓰기	어휘와 표현 확인

- 말하기 활동에 다양한 아이콘이 사용되는데 그 의미는 다음과 같다.

아이콘	의미
	짝 활동
	3~4명 그룹 활동
	교실 발표

- 듣기 자료는 이화여자대학교출판문화원 홈페이지에서 내려받을 수 있으며 교재의 QR 코드를 통해 바로 접근할 수도 있다.

단원 표지

- 소단원의 제목과 학습 목표입니다.
  각 단원은 3개의 소단원으로 되어 있습니다.

- 시각 자료와 듣기를 활용해 소단원 주제와 관련된 표현과 내용을 학습합니다.

어휘와 표현

소단원 1, 3

- 주제 관련 표현 6~8개가 시각 자료와 함께 제시되어 있습니다. 표현을 듣거나 읽으면서 그 의미를 파악합니다.

- 학습한 표현의 범주화 활동이나 학습한 표현을 다른 표현으로 바꿔 말한 듣기, 다른 표현으로 바꿔 쓴 표현 찾기를 통해 의미를 확인합니다. 이 활동을 통해 1 에서 학습한 표현과 관련된 다양한 표현을 동시에 학습합니다.

- 학습한 표현을 사용할 수 있도록 말하기로 연습합니다.

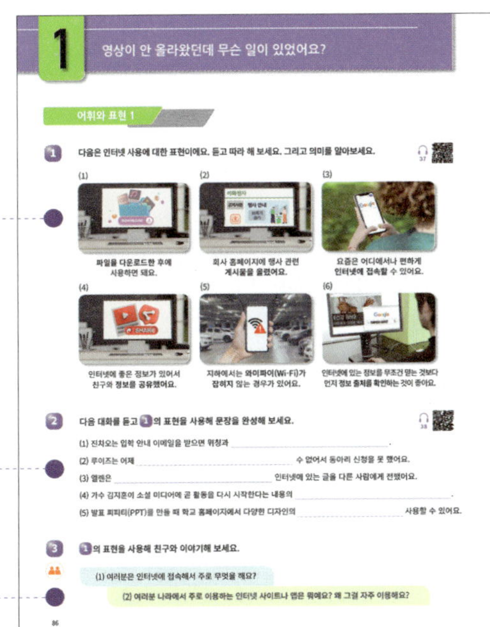

문법

- 학습할 문법이 어떤 의미인지 추측해 보는 도입입니다. 각 단원의 문법의 도입은 듣기 2개, 읽기 2개로 달리 구성되어 있습니다.
- 시각 자료를 통해 맥락을 제시하고 이를 통해 목표 문법의 의미를 학습합니다.
- 문법의 의미와 간단한 결합 정보에 대한 설명입니다. 그리고 추가 예문이 제시되어 있습니다.

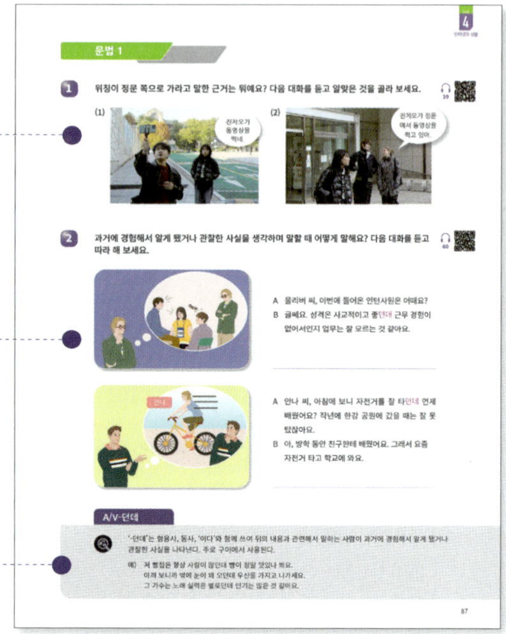

- 목표 문법을 활용한 통제된 말하기 활동입니다. 간단한 대화, 정보차 활동, 게임 등으로 구성되어 있습니다.
- 문법을 활용한 유도된 말하기 활동과 자유로운 말하기 활동입니다. (5)~(6)은 학생들이 직접 자유롭게 만들어 보는 활동입니다.

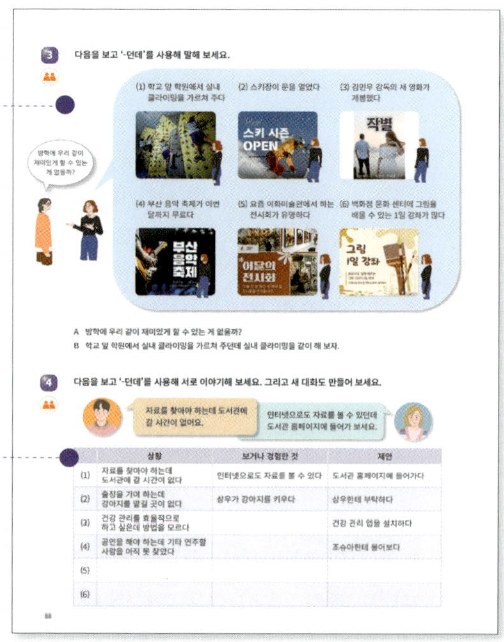

듣기

소단원 1

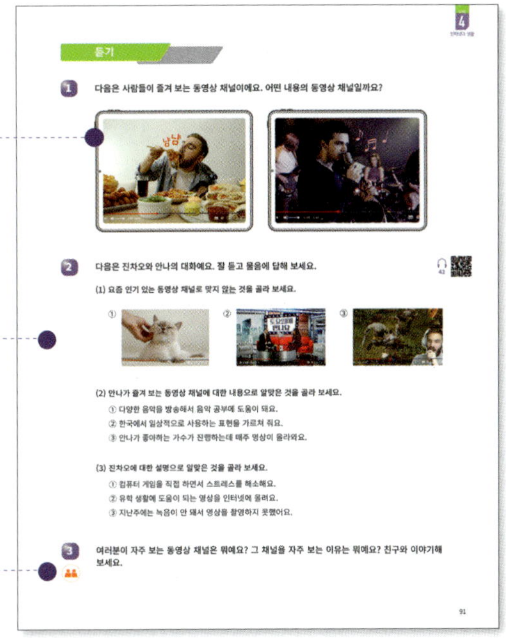

- 듣기 전 단계입니다. 들을 내용과 연관된 시각 자료를 활용해 브레인스토밍한 후 간단하게 이야기합니다.
- 듣기 본 단계입니다. 들은 내용을 확인하는 단계입니다.
- 들은 후 단계입니다. 듣기 내용과 관련된 것을 말합니다.

듣고 쓰기

소단원 2

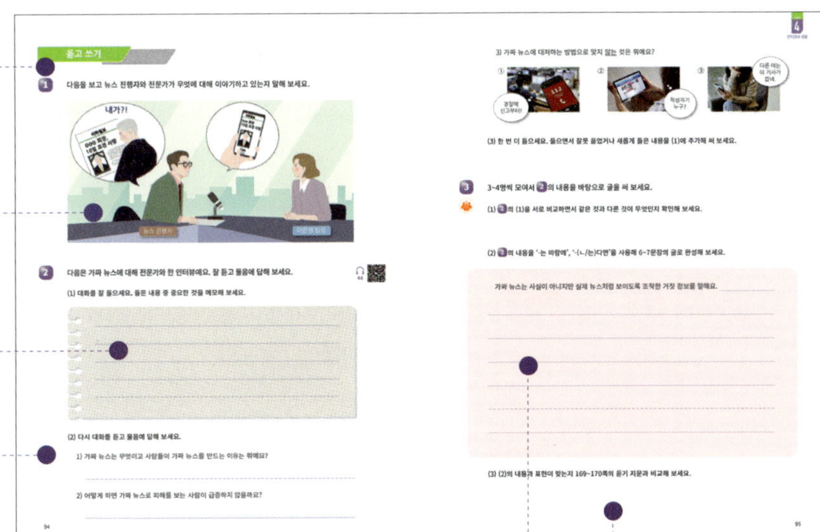

- 듣고 쓰기입니다. 이 과제는 딕토글로스(dictogloss)를 변형한 활동입니다.
- 듣기 전 단계입니다. 들은 내용과 연관된 시각 자료를 활용해 브레인스토밍한 후 간단하게 이야기합니다.
- 듣고 들은 내용 중 중요한 것을 씁니다.
- 다시 듣고 들은 내용을 확인합니다.
- 소그룹 활동을 통해 들은 내용을 서로 비교하고 그 후에 들은 내용을 간략하게 요약해 씁니다.
- 요약한 글을 부록에 있는 듣기 대본과 비교하면서 내용과 표현에서 어색한 부분이 있는지 확인합니다.

읽고 말하기

소단원 2

- 읽고 말하기 활동입니다. 2명 또는 3~4명이 같이 하는 소그룹 활동입니다.
- 읽기 전 단계입니다. 읽을 내용에 대해 시각 자료를 활용해 이야기합니다.
- 소그룹 활동을 하기 전에 각자 소그룹 활동에서 할 내용을 연습해 보는 단계입니다. 글을 읽고 읽은 내용을 메모해 봅니다.

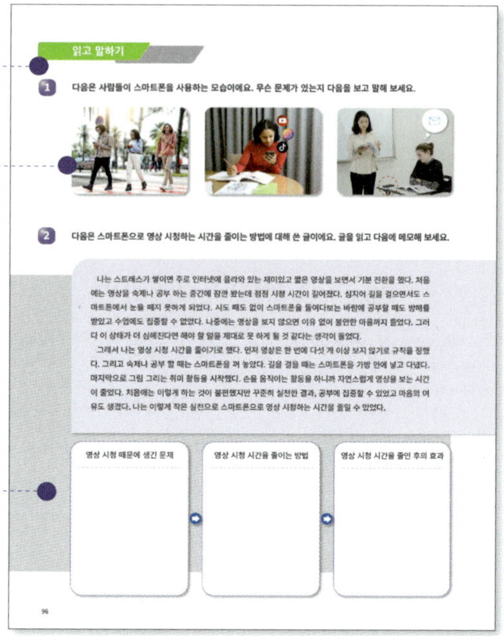

- 소그룹 활동을 위해 제시된 내용 중 하나를 골라서 그와 관련된 자신의 이야기를 만들거나 제시된 내용이 없을 때는 자신이 생각한 내용을 바탕으로 이야기를 만들어 봅니다. 그리고 만든 내용을 아래에 써 봅니다.
- 2명 또는 3~4명이 하는 소그룹 활동으로 각자 3 에서 만든 이야기를 친구들에게 합니다. 그리고 이야기를 듣고 궁금한 것을 친구에게 질문합니다.
- 우리 팀에서 가장 재미있는 이야기를 골라 발표합니다.
- 추가로 학습할 문법과 표현이 제시되어 있습니다. 이에 해당되는 예문도 제시되어 있습니다.

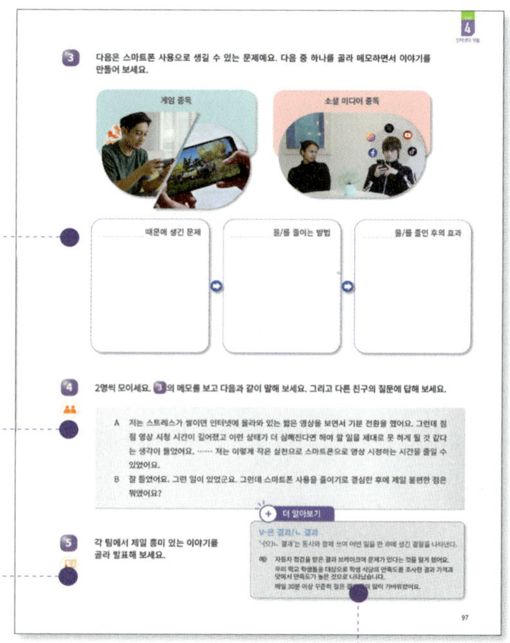

말하기

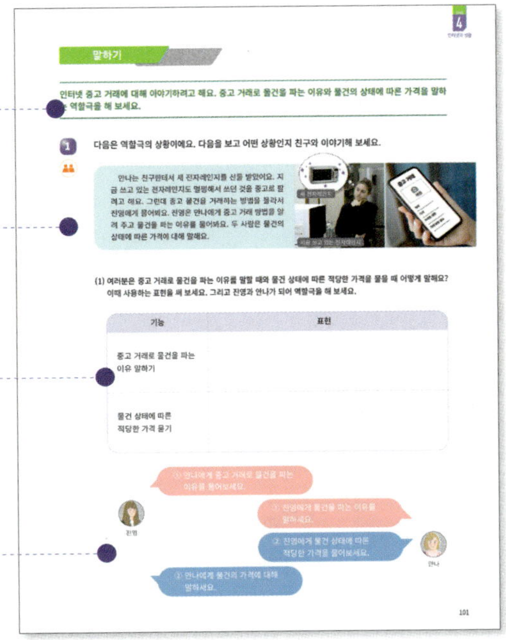

- TTT(Task 1–Teach–Task 2) 모형을 변형하여 만든 역할극입니다. 1은 과제 활동(Task 1), 2와 3은 학습(Teach), 4와 5는 과제 활동(Task 2)입니다.
- 역할극의 상황이 텍스트와 시각 자료로 제시되어 있습니다.
- 과제의 목표 기능 표현에 해당되는 내용을 메모합니다.
- 역할극의 필수 요소인 역할을 제시합니다. 목표 기능 표현을 활용해 대화를 간단하게 만듭니다.

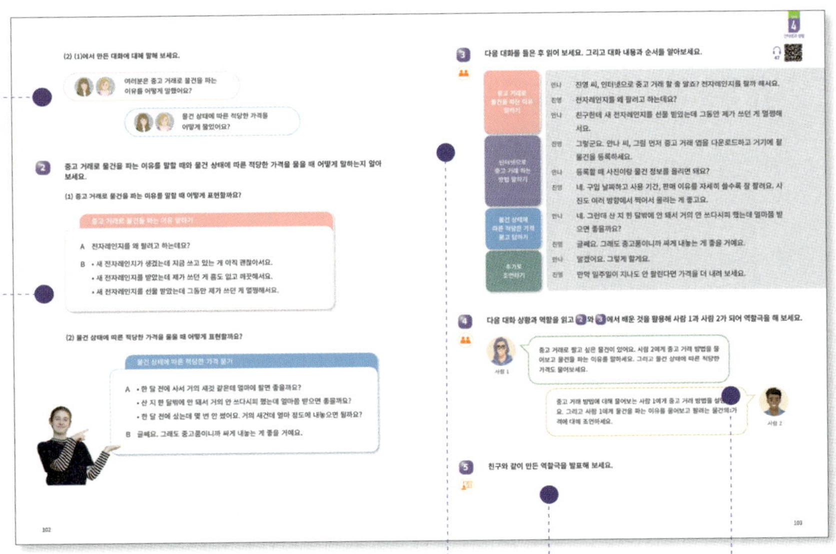

- (1)에서 한 대화를 다시 반추합니다.
- (1)의 부족한 부분을 학습합니다. 다양한 기능 표현을 학습해 유창하게 말하는 연습을 합니다.
- 모범 대화를 보면서 담화 순서와 그 순서에 맞는 대화 내용을 파악합니다.
- 2에서 학습한 기능 표현, 3에서 학습한 담화 순서와 그에 맞는 내용을 바탕으로 역할에 맞게 대화를 만듭니다.
- 대화를 만든 후 발표합니다.

읽고 쓰기

소단원 3

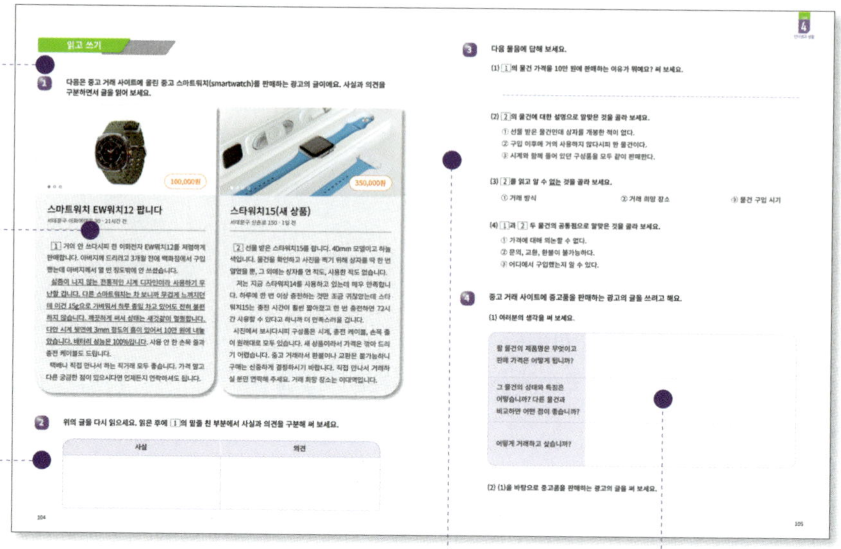

- 읽고 쓰기입니다.
- 읽기의 전략을 활용해 읽습니다.
- 읽기 본문을 다시 읽은 후 전략과 관련된 내용을 씁니다.
- 읽은 내용을 확인합니다.
- 쓰기 전에 쓸 내용을 간단하게 메모합니다. 그리고 글을 써 봅니다.

어휘와 표현 확인

- 소단원별로 단원 내에서 출현한 순서대로 제시된 신출 어휘 목록입니다. 어휘와 표현을 스스로 점검합니다.

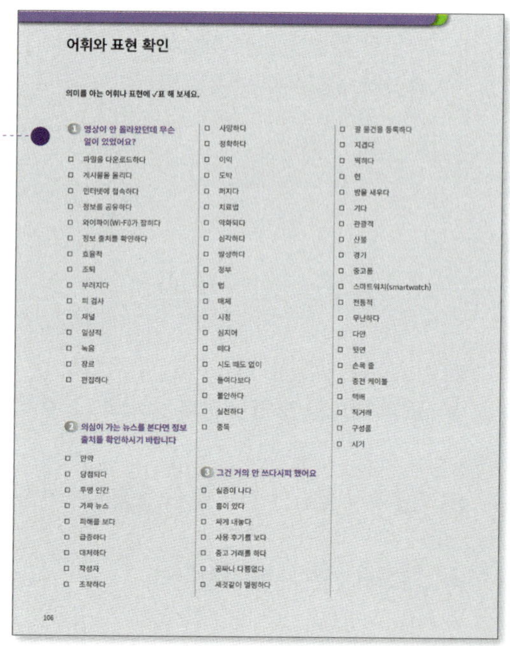

차 례

부록

등장인물

김유나
한국인 / 대학생
쇼타
일본인 / ELC 학생
위칭
태국인 / ELC 학생
진차오
중국인 / ELC 학생
다샤
러시아인 / ELC 학생
조슈아
미국인 / ELC 학생,
영어 강사

ELC: Ewha Language Center
이진영
한국인 / 대학생
최상우
한국인 / 대학생
엘렌
영국인 / ELC 학생,
액세서리 디자이너
올리버
호주인 / ELC 학생,
회사원
안나
독일인 / ELC 학생
마테오
멕시코인 / ELC 학생,
요리사
루이즈
프랑스인 / ELC 학생

1 단원 만남과 시작

소단원 1
- 시작과 관련된 어휘와 표현 익히기
- A/V-아/어서인지 A/V-(으)ㄴ/는 셈이다
- 새 학기 시작 소감과 각오에 대한 대화 듣기

소단원 2
- A/V-듯(이)
- 스무 살에게 해 주고 싶은 조언에 대한 인터뷰 듣고 쓰기
- 좌우명에 대해 읽고 말하기

소단원 3
- 만남 후의 변화에 대한 어휘와 표현 익히기
- A/V-(으)며
- 인생에서 이루고 싶은 목표에 대해 설명하기
- 특별한 만남에 대한 서술의 글 읽고 쓰기

다음 대화를 듣고 A, B, C 중에서 알맞은 사진을 찾아 써 보세요.

1. (   )
2. (   )
3. (   )

1

1 처음이어서인지 긴장돼요

어휘와 표현 1

1 다음은 시작과 관련된 표현이에요. 듣고 따라 해 보세요. 그리고 의미를 알아보세요. 2

(1)

공항에 도착하니까 한국에 온 게
실감이 나요.

(2)

계속 **도전해서**
세계 최고가 되고 싶어요.

(3)

유학 간 딸이 잘 적응할지
걱정스러워요.

(4)

이 동네로 이사 온 지
얼마 안 돼서 **낯설어요.**

(5)

인간관계 때문에 힘들었지만
끝까지 버텼어요.

(6)

꿈을 향해 가는 길에
어려움을 겪을 수도 있어요.

2 1의 표현을 다음에 써 보세요. 그리고 여러분이 알고 있는 다른 표현도 써 보세요.

일을 처음 시작했을 때의 느낌	그 일을 시작한 후의 과정
예 실감이 나요.	

3 2의 표현을 사용해 친구와 이야기해 보세요.

(1) 한국에 처음 왔을 때 느낌이 어땠어요? 왜 그렇게 느꼈어요?

(2) 새로운 일에 도전한 적이 있어요? 그 일을 마치기까지 어떤 과정이 있었어요?

문법 1

1 다음을 읽어 보세요. 이유를 추측하는 표현을 찾아 모두 밑줄을 그어 보세요. 그리고 그림에 맞는 표현도 찾아보세요.

오늘은 이번 학기 수업 첫날이었다. 첫날이어서인지 교실에는 일찍 온 학생들이 많았다. 친구들을 오늘 처음 만나서인지 조금 긴장됐다. 같이 수업을 들으면 더 친해질 수 있을 테니까 앞으로가 더 기대된다. 이번 학기도 즐겁게 공부할 수 있을 것 같아서 기분 좋은 첫날이었다.

2 이유를 추측해서 말할 때 어떻게 말해요? 다음 대화를 듣고 따라 해 보세요. 3

A 이 식당은 오늘도 손님이 많네요.
B 주변 식당보다 가격이 저렴해서인지 항상 사람이 많아요.

A 올리버 씨, 어디 아파요? 얼굴이 안 좋아 보여요.
B 네. 일 때문에 스트레스를 받아서인지 요즘 소화가 잘 안 돼요.

A/V-아서인지/어서인지

'-아/어서인지'는 형용사, 동사, '이다'와 함께 쓰여 이유를 추측함을 나타낸다. '-아/어서 그런지'로 쓰이기도 한다.

예) 엘렌은 겁이 많아서인지 놀이기구 타는 걸 별로 좋아하지 않아요.
아이를 키울 때 돈이 많이 들어서인지 출생률이 낮아지고 있대요.
유미는 막내여서인지 애교가 많은 편이에요.
날씨가 추워서인지 감기에 걸린 사람이 많아요.

3 다음 상황에 알맞은 것은 무엇이에요? '-아/어서인지'를 사용해 말해 보세요.

상황

(1) 유미가 다른 사람 같다

(2) 빵이 따뜻하고 맛있다

(3) 아이가 밥을 잘 못 먹다

(4) 딸이 노래에 소질이 있다

(5) 이 옷의 디자인이 멋있다

(6) 마크가 요즘 모임에 안 나오다

원인

머리를 짧게 잘랐다	방금 구웠다
아이 아빠가 노래를 잘하다	감기 때문에 입맛이 없다
회사 일로 정신없이 바쁘다	유명한 디자이너의 작품이다

A 유미가 다른 사람 같죠?

B 네. 머리를 짧게 잘라서인지 다른 사람 같네요.

4 다음을 보고 '-아/어서인지'를 사용해 서로 묻고 답해 보세요. 그리고 새 대화도 만들어 보세요.

안나 씨, 올리버는 어떻게 그렇게 요리를 잘해요?

올리버가 혼자 오래 살아서인지 못하는 요리가 없어요.

(1) 올리버는 어떻게 그렇게 요리를 잘해요?

(2) 왜 이렇게 계속 졸아요?

(3) 이 공연은 왜 인기가 많아요?

(4) 어떻게 이렇게 한국어 듣기 실력이 좋아졌어요?

(5)

(6)

문법 2

1 다음 대화를 듣고 질문에 알맞은 답을 골라 보세요. 4

(1) 진차오는 운동을 일주일에 며칠 하는 것과 같다고 생각해요?

① 5일 운동하는 것과 같다고 생각해요.

② 거의 매일 운동하는 것과 같다고 생각해요.

(2) 안나는 기숙사에 얼마 동안 산 것과 같다고 생각해요?

① 반년 정도 산 것과 같다고 생각해요.

② 5개월 동안 산 것과 같다고 생각해요.

2 따져 보면 어떤 상황과 거의 같다고 말할 때 어떻게 말해요? 다음 대화를 듣고 따라 해 보세요. 5

원 플러스 원(1+1) 상품을 자주 구매하십니까?

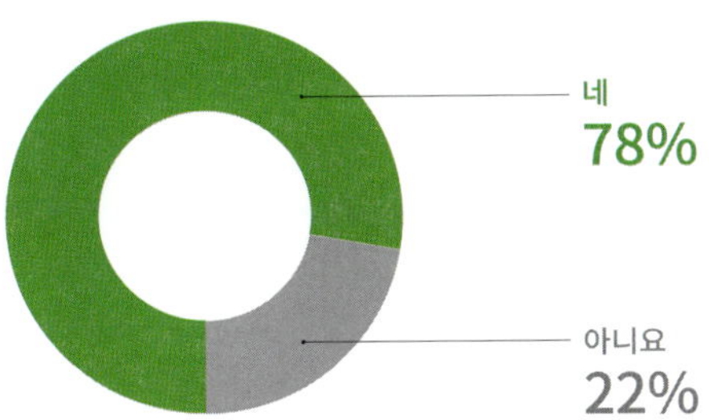

자주 구매하는 이유가 무엇입니까?

기자: 소비자의 78%가 원 플러스 원 상품을 자주 구매한다고 했습니다. 열 명 중 여덟 명이 사는 셈입니다. 그 이유를 들어 보겠습니다.

소비자: 돈을 더 내야 하기는 하지만 한 개 가격을 생각하면 원 플러스 원 상품으로 사는 게 이득인 셈이잖아요. 그래서 자주 사는 것 같아요.

A-은 셈이다/ㄴ 셈이다
V-은 셈이다/ㄴ 셈이다, -는 셈이다

'-(으)ㄴ/는 셈이다'는 형용사, 동사, '이다'와 함께 쓰여 상황을 따지거나 계산해 본 결과가 어떤 상황과 같음을 나타낼 때 사용된다.

예) 중간시험까지 한 달 넘게 남았으니까 시간이 충분한 셈이지요.
200쪽 중에서 읽을 내용이 10쪽이 남았으니까 이 책을 거의 다 읽은 셈이네요.
한국에 산 지 10년이 넘었어요. 한국에 산 기간을 생각하면 한국은 저에게 제2의 고향인 셈이에요.

3 학생 A와 B가 되어 '-(으)ㄴ/는 셈이다'를 사용해 말해 보세요. 그리고 친구의 대답을 듣고 √표 해 보세요.

학생 A

학생 B p. 152>

질문하세요!

한국 생활	따져 본 결과	
(1) 하루에 평균 몇 시간 자요?	☑ 7시간 정도	☐ 8시간 이상
(2) 작년에 고향에 얼마나 자주 갔어요?	☐ 1년에 한두 번	☐ 1년에 서너 번
(3) 교통비가 하루에 얼마나 들어요?	☐ 하루에 만 원 미만	☐ 하루에 만 원 이상
(4) 지금 사는 원룸은 월세가 비싸요?	☐ 가격이 비싸다	☐ 비교적 저렴하다

대답하세요!

취미 생활	따져 본 결과	
(5) 집에서는 항상 음악을 듣다	☐ 오후 내내	☑ 거의 하루 종일
(6) 2주에 한 번 등산하러 가다	☐ 한 달에 한 번	☑ 한 달에 두 번
(7) 작년 1월부터 배웠다	☑ 1년 넘게	☐ 1년 가까이
(8) 가입할 때 가입비 오천 원만 내면 되다	☐ 오천 원	☑ 거의 무료

A 하루에 평균 몇 시간 자요?

B 평일에는 6시간쯤 자고 주말에는 8시간쯤 자니까 하루에 7시간 정도 자는 셈이에요.

4 다음을 보고 '-(으)ㄴ/는 셈이다'를 사용해 이야기해 보세요. 그리고 새 대화도 만들어 보세요.

작년에 임금이 0.5% 올랐지만 물가는 2%나 올랐대요.

그래요? 결국 임금이 안 오른 셈이네요.

	상황	따져 본 결과
(1)	작년에 임금이 0.5% 올랐지만 물가는 2%나 올랐다	결국 임금이 안 올랐다
(2)	초등학교 교사 열 명 중에 아홉 명이 여자 선생님이다	선생님이 대부분 여자이다
(3)	그 제품이 출시된 지 24시간 만에 24만 대 이상 팔렸다	
(4)	대학생의 48%가 방학에 어학연수를 하러 외국에 가다	
(5)		
(6)		

듣기

1 다음은 새 학기를 맞이하면서 두 사람이 한 각오예요. 두 사람의 각오가 무엇인 것 같아요?

2 다음은 조슈아와 메이의 대화예요. 잘 듣고 물음에 답해 보세요.

(1) 두 사람의 대화 상황으로 가장 알맞은 것을 골라 보세요.

①

②

③

(2) 두 사람의 새 학기 시작 소감으로 알맞은 것을 골라 보세요.

① 조슈아는 4급 수업에 대해 기대하고 있어요.
② 메이는 한국에 온 것이 아직 실감이 안 나요.
③ 두 사람은 수업을 따라갈 수 있을지 걱정하고 있어요.

(3) 두 사람에 대한 내용으로 맞지 않는 것을 골라 보세요.

① 조슈아는 다른 것보다도 쓰기를 어려워해요.
② 메이는 수업 시간에 말하기 연습을 열심히 할 거예요.
③ 두 사람은 한국어 공부를 시작한 지 1년이 넘었어요.

3 여러분은 새 학기를 시작하는 소감이 어때요? 이번 학기에 여러분의 각오는 뭐예요? 친구와 이야기 해 보세요.

2 지금까지 했듯이 열심히 하면 될 거예요

문법 3

1 다음을 읽고 색칠한 부분이 어떤 의미일지 추측해 보세요.

> 언니, 작년에 취직 준비를 열심히 했는데 결과가 좋지 않아서 많이 힘들었지? 그런데 너무 실망하지 마. 지금까지 **했듯이** 올해도 열심히 하면 분명히 원하는 회사에 합격할 수 있을 거야. 항상 언니 옆에서 응원할게. 힘내!
>
> 동생, 유미가

2 앞의 내용과 거의 같은 내용을 말할 때 어떻게 말해요? 다음 대화를 듣고 따라 해 보세요. 7

A 저희 집 아이들은 성격이 정말 달라요. 첫째는 굉장히 활발한데 둘째는 내성적이에요.

B 사람마다 외모가 다르**듯이** 성격도 다르니까요.

A 상우 씨, 이 작가의 소설을 왜 좋아해요?

B 이 작가가 장면 묘사를 너무 잘하거든요. 그래서 소설 속 장면이 영화를 보**듯이** 머릿속에 그려져서 좋아요.

A/V-듯(이)

'-듯(이)'는 형용사, 동사, '이다'와 함께 쓰여 앞의 내용이 뒤의 내용과 거의 같음을 나타낸다. 주로 비유적으로 사용된다.

예) 한국에 한복이 있듯이 일본에는 기모노가 있어요.
그 배우는 책을 읽듯이 부자연스럽게 대사를 해요.
인간관계의 기본이 믿음이듯 기업 간에도 신뢰가 중요합니다.

3 다음 상황에 알맞은 비유적 표현은 무엇이에요? '-듯(이)'를 사용해 말해 보세요.

(1) 그 사람이 돈을 펑펑 써요?

(2) 친구한테 화가 좀 풀렸어요?

(3) 아이가 땀을 많이 흘리고 있어요?

(4) 말하기 대회가 잘 진행되고 있어요?

(5) 그 사람이 요즘도 거짓말을 자주 해요?

(6) 그 사람이 백화점에 쇼핑하러 자주 가요?

A 그 사람이 돈을 펑펑 써요?

B 네. 돈을 물 쓰듯이 써요.

4 다음을 보고 '-듯(이)'를 사용해 서로 묻고 답해 보세요. 그리고 새 대화도 만들어 보세요.

글을 쓸 때 중요한 게 무엇입니까?

요리할 때 재료가 중요하듯이 글을 쓸 때도 소재가 중요합니다.

	질문	대답	
(1)	글을 쓸 때 중요한 것	요리할 때 재료가 중요하다	글을 쓸 때도 소재가 중요하다
(2)	올해 예상 투표율	지난번에도 투표율이 높았다	이번에도 높을 것으로 예상되다
(3)	태국의 대표적인 휴양지		태국에서는 푸껫이 유명하다
(4)	프랑스 사람들이 자주 먹는 음식		프랑스 사람들은 치즈를 거의 매일 먹다
(5)			
(6)			

듣고 쓰기

1 다음을 보고 방송에서 무엇에 대해 이야기하고 있는지 말해 보세요.

2 다음은 스무 살이 된 젊은이들에게 해 주고 싶은 조언에 대해 시민과 한 인터뷰예요. 잘 듣고 물음에 답해 보세요. 8

(1) 대화를 잘 들으세요. 들은 내용 중 중요한 것을 메모해 보세요.

(2) 다시 대화를 듣고 물음에 답해 보세요.

1) 남자는 어떤 조언을 했어요? 그 이유가 뭐예요?

2) 여자는 어떤 조언을 했는지 알맞은 것을 골라 보세요.

① 

② 

③ 

3) 리포터는 인생에서 시작을 잘하는 것이 중요하다는 것을 무엇에 비유해서 말했어요?

(3) 한 번 더 들으세요. 들으면서 잘못 들었거나 새롭게 들은 내용을 (1)에 추가해 써 보세요.

3 3~4명씩 모여서 **2**의 내용을 바탕으로 글을 써 보세요.

(1) **2**의 (1)을 서로 비교하면서 같은 것과 다른 것이 무엇인지 확인해 보세요.

(2) **2**의 내용을 '-(으)ㄴ/는 셈이다'와 '-듯(이)'를 사용해 6~7문장의 글로 완성해 보세요.

내일은 성년의 날이에요.

(3) (2)의 내용과 표현이 맞는지 158쪽의 듣기 지문과 비교해 보세요.

읽고 말하기

1 다음은 유명인이 한 말이에요. 어떤 의미인지 추측해서 말해 보세요.

아리스토텔레스
(Aristoteles, BC 384년~BC 322년)

오프라 윈프리
(Oprah Gail Windfrey, 1954년~현재)

정주영
(1915년~2001년)

2 다음은 좌우명에 대해 쓴 글이에요. 글을 읽고 다음에 메모해 보세요.

인생에서 가장 중요한 것은 꿈을 향한 도전이라고 생각한다. 도전은 자신이 원하는 것에 도달하기 위한 과정이라고 생각하기 때문이다. 그래서 나는 현대그룹을 세운 정주영이 말한 '어려움은 있어도 실패는 없다.'는 말을 나의 좌우명으로 삼고 싶다.

이 말은 정주영이 쓴 책의 제목인데, 이 좌우명에는 어려움을 만나도 실패라고 생각하지 말고 계속 도전하라는 의미가 담겨 있다. 그의 아버지는 아들이 자신의 뒤를 이어 농부가 되기를 원했지만 정주영은 가난한 생활이 싫어 10대 때 고향을 떠났다. 그 후 공사장에서 일하면서 성공을 향한 꿈을 키웠고, 1946년에 회사를 세워 자동차 공업을, 1947년에 건설업을 시작했는데 이것이 현대그룹의 시작이 되었다. 이후 여러 어려움에도 끊임없이 도전해 한국의 경제 발전에 큰 힘이 되었다. '어려움은 있어도 실패는 없다.'라는 말에서 알 수 있듯이 그에게도 힘든 순간이 많았다. 그때마다 그는 실패라고 생각한 것이 아니라 꿈을 향해 가는 중에 겪는 어려움이라고 생각하고 도전하고 또 도전할 뿐이었다. 이 좌우명은 꿈을 향해 가는 길에 어려움이 있어도 포기하지 않도록 나에게 힘이 되어 줄 것 같다.

Q 인생에서 가장 중요하다고 생각하는 것이 뭐예요?
A

Q 어떤 유명인의, 어떤 말을 좌우명으로 삼고 싶어요?
A

Q 이 좌우명의 의미가 뭐예요?
A

Q 이 좌우명이 앞으로 여러분에게 어떤 도움을 줄 것 같아요?
A

3 여러분은 인생에서 무엇이 가장 중요하다고 생각해요? 다음에 메모하면서 여러분이 좌우명으로 삼고 싶은 말에 대해 써 보세요.

Q 인생에서 가장 중요하다고 생각하는 것이 뭐예요?

A

Q 어떤 유명인의, 어떤 말을 좌우명으로 삼고 싶어요?

A

Q 이 좌우명의 의미는 뭐예요?

A

Q 이 좌우명이 앞으로 여러분에게 어떤 도움을 줄 것 같아요?

A

4 3~4명씩 모이세요. **3**의 메모를 보고 다음과 같이 말해 보세요. 그리고 다른 친구들의 질문에 답해 보세요.

A 저는 인생에서 도전하는 게 가장 중요하다고 생각해요. 그래서 저는 정주영이 말한 어려움은 있어도 실패는 없다.'는 말을 좌우명으로 삼고 싶어요. 정주영이 쓴 책에도 나와 있듯이 실패도 꿈을 이루기 위한 과정일 뿐이니까 두려워하지 말고 도전하라는 의미예요. …… 앞으로 이 좌우명은 저에게 용기를 줄 것 같아요.

B 잘 들었어요. 이 좌우명으로 앞으로 어떤 일에 도전해 보고 싶어요?

5 각 팀에서 제일 흥미 있는 좌우명을 골라 발표해 보세요.

+ 더 알아보기

A/V-을 뿐이다/ㄹ 뿐이다

'-(으)ㄹ 뿐이다'는 형용사, 동사, '이다'와 함께 쓰여 앞 내용 외에는 더 없음을 나타낼 때 사용된다.

예) 아픈 게 아니라 어제 늦게 자서 조금 피곤할 뿐이에요.
최선을 다했으니까 이제 결과를 기다릴 뿐이에요.
오해하지 마세요. 그 사람은 그냥 친구일 뿐이에요.

3 꿈을 꾸며 살아야 합니다

어휘와 표현 2

1 다음은 만남 후의 변화에 대한 표현이에요. 소리 내 읽어 보세요. 그리고 의미를 알아보세요.

(1)

영향을 미쳐요

(2)

시야를 넓혀요

(3)

교훈을 얻었어요

(4)

관심을 기울여요

(5)

격려를 받았어요

(6)

정신을 본받아요

(7)

사랑을 베풀어요

(8)

가치관을 변화시켰어요

2 다음을 읽고 밑줄 친 것과 비슷한 의미를 (　　)에서 골라 보세요.

(1) 나는 아버지의 정신을 본받아서 아버지께서 살아오신 (길을 그대로 따라가기로, 길을 새롭게 바꾸기로) 했어요.

(2) 그는 평생 가난한 사람들을 (관심 없이 대하면서, 따뜻한 마음으로 도우면서) 사랑을 베풀던 천사 같은 사람이었어요.

(3) 아이의 잘못된 가치관을 변화시키기 위해서는 좋은 책을 읽게 해서 (생각을 바꾸도록, 습관을 고치도록) 해야 해요.

(4) 아이의 (눈이 높아지도록, 생각하는 범위가 넓어지도록) 아이에게 시야를 넓힐 수 있는 경험을 하게 해 주는 것이 좋아요.

(5) 그 작가는 노인들에게서 교훈을 얻을 수 있듯이 아이들에게서도 (마음의 위로를 받을, 삶에 도움이 되는 가르침을 찾을) 수 있다고 말했어요.

3 **1**의 표현을 사용해 친구와 이야기해 보세요.

(1) 지금까지 만난 사람 중에서 여러분에게 영향을 준 사람이 있어요? 어떤 영향을 줬어요?

(2) 앞으로 여러분의 인생에서 꼭 만나고 싶은 사람이 누구예요? 왜 그 사람을 만나고 싶어요?

문법 4

1 강연자는 어떤 사람이에요? 다음 대화를 듣고 알맞은 것을 모두 골라 보세요.

9

(1)

(2)

(3)

2 둘 이상을 대등하게 나열하거나 둘 이상의 행동을 동시에 할 때 어떻게 말해요? 다음 대화를 듣고 따라 해 보세요.

10

A 이번에 새로 나온 전기 자동차의 장점에 대해 말씀해 주시겠습니까?

B 이 자동차는 소음이 적으며 배터리가 오래가는 것이 가장 큰 장점이라고 할 수 있습니다.

A 이 사람이 누구예요?

B 우리 언니예요. 우리 언니는 대학에 다니며 대학 4년 내내 장학금을 받았어요.

A/V-으며/며

'-(으)며'는 형용사, 동사, '이다'와 함께 쓰여 둘 이상의 사실을 대등하게 나열할 때 사용된다. 또는 동사와 함께 쓰여 둘 이상의 행동을 동시에 하고 있음을 나타낸다.

예) 내일은 하늘이 맑으며 따뜻해서 야외 활동하기 좋겠습니다.
이 앱은 무료이며 회원 가입도 할 필요가 없습니다.
그 친구는 항상 웃으며 이야기를 해서 정말 좋아요.
요즘 스마트폰을 보며 길을 걷는 사람들이 정말 많아요.

3 다음을 보고 '-(으)며'를 사용해 말해 보세요.

A 인생을 어떻게 살아야 한다고 생각해요?

B 저는 꿈을 꾸며 살아야 한다고 생각해요. 꿈이 있어야 발전할 수 있으니까요.

4 다음을 보고 '-(으)며'를 사용해 서로 묻고 답해 보세요. 그리고 새 대화도 만들어 보세요.

안나 씨는 성격이 어떻습니까?

(1) 성격이 어떻습니까?

(2) 특기는 무엇입니까?

(3) 어떤 외국어를 할 수 있습니까?

(4) 어떤 아르바이트를 해 봤습니까?

(5)

(6)

저는 긍정적이며 사교적인 편입니다.

말하기

인생에서 이루고 싶은 목표에 대해 이야기하려고 해요. 한국어 공부를 마친 후의 계획을 말하고, 10년 후의 목표와 인생을 어떻게 살고 싶은지에 대해 말하는 역할극을 해 보세요.

1 다음은 역할극의 상황이에요. 다음을 보고 어떤 상황인지 친구와 이야기해 보세요.

안나는 엘렌에게 한국어 공부를 마친 후의 계획을 물어봐요. 엘렌은 한국어 공부를 마친 후의 계획을 대답하고 10년 후의 목표와 인생을 어떻게 살고 싶은지 말해요.

(1) 여러분은 10년 후에 이루고 싶은 목표를 말할 때와 인생을 어떻게 살고 싶은지를 말할 때 어떻게 말해요? 이때 사용하는 표현을 써 보세요. 그리고 안나와 엘렌이 되어 역할극을 해 보세요.

기능	표현
10년 후에 이루고 싶은 목표 말하기	
인생을 어떻게 살고 싶은지 말하기	

안나

① 10년 후에 이루고 싶은 목표에 대해 물어보세요.

① 10년 후에 이루고 싶은 목표에 대해 말하세요.

② 인생을 어떻게 살고 싶은지 물어보세요.

엘렌

② 인생을 어떻게 살고 싶은지 말하세요.

(2) (1)에서 만든 대화에 대해 말해 보세요.

여러분은 10년 후에 이루고 싶은 목표를 말할 때 어떻게 말했어요?

인생을 어떻게 살고 싶은지 말할 때 어떻게 말했어요?

2 10년 후에 이루고 싶은 목표를 말할 때와 인생을 어떻게 살고 싶은지 말할 때 어떻게 말하는지 알아보세요.

(1) 10년 후에 이루고 싶은 목표를 말할 때 어떻게 표현할까요?

10년 후에 이루고 싶은 목표 말하기

A 10년 후에 이루고 싶은 목표는 뭐예요?

B
- 10년 후에 제 이름을 딴 액세서리 브랜드를 만들어서 회사를 차렸으면 좋겠어요.
- 10년이 지나면 제 이름을 넣은 액세서리 브랜드를 만들어서 회사를 차릴 거예요.
- 10년 정도 후에는 제 이름으로 된 액세서리 브랜드를 만들어 회사를 차리고 싶어요.

(2) 인생을 어떻게 살고 싶은지 말할 때 어떻게 표현할까요?

인생을 어떻게 살고 싶은지 말하기

A 인생을 어떻게 살고 싶어요?

B
- 목표를 향해 끊임없이 도전하며 사는 게 인생 아닐까요?
- 목표를 위해 끊임없이 도전하며 사는 게 인생이 아닐까 싶어요.
- 목표를 이루기 위해 도전하면서 살아야 한다고 생각해요.

3 다음 대화를 들은 후 읽어 보세요. 그리고 대화 내용과 순서를 알아보세요.

11

대화 순서		
한국어 공부를 마친 후의 계획 묻고 답하기	안나	엘렌 씨는 한국어 공부를 마치면 영국으로 돌아갈 거예요?
	엘렌	글쎄요. 한국에 오기 전에 영국에서 액세서리 디자이너로 일했는데 기회가 되면 다른 나라 액세서리 회사에서 일하면서 시야를 넓히고 싶어요.
10년 후에 이루고 싶은 목표에 대해 말하기	안나	그래요? 그럼 그 후에 이루고 싶은 목표는 뭐예요?
	엘렌	10년 정도 후에는 제 이름으로 된 액세서리 브랜드를 만들어서 회사를 차리고 싶어요.
	안나	엘렌 씨 이름으로 된 브랜드를 만들겠다니 정말 대단한데요.
인생을 어떻게 살고 싶은지 말하기	엘렌	사실 제가 정말 이루고 싶은 건 이 브랜드를 세계 패션계에 영향을 미치는 브랜드로 키우는 거예요. 목표를 향해 끊임없이 도전하며 사는 게 인생 아닐까요?
	안나	맞아요. 자기가 하고 싶은 일에 도전하며 즐겁게 살면 멋진 인생이 될 것 같아요.
그 목표를 위한 각오 말하기	엘렌	그렇죠? 시간이 얼마나 걸릴지 모르겠지만 꼭 이루고 싶어요.
	안나	네. 엘렌 씨는 잘할 수 있을 거예요.

4 다음 대화 상황과 역할을 읽고 2와 3에서 배운 것을 활용해 사람 1과 사람 2가 되어 역할극을 해 보세요.

사람 1

앞으로의 계획과 목표에 대해 이야기하고 있어요. 한국어 공부를 마친 후의 계획에 대해 사람 2에게 질문하세요. 그리고 10년 후에 이루고 싶은 목표에 대해서도 물어보세요.

사람 2

사람 1의 질문을 듣고 한국어 공부를 마친 후의 계획을 말하세요. 그리고 10년 후에 이루고 싶은 목표와 인생을 어떻게 살고 싶은지 말하세요.

5 친구와 같이 만든 역할극을 발표해 보세요.

읽고 쓰기

1 다음은 특별한 만남에 대한 서술의 글이에요. 글을 읽으면서 밑줄 친 표현의 의미가 무엇인지 추측해 보세요.

나를 변화시킨 소중한 만남

나는 어릴 때부터 성실한 편이었다. 그래서 항상 목표를 세우고 그것을 이루기 위해 최선을 다해 왔다. 피땀을 흘려 노력해야 꿈을 이룰 수 있으며 그래야 행복해진다고 믿었다. 하지만 내 꿈을 이루는 것에는 적극적이었지만 다른 사람의 마음이나 상황에는 관심이 없었다. 그리고 ① <u>그것</u>이 요즘처럼 바쁜 시대에 당연한 것이라고 생각했다.

그런데 2년 전 『이어령의 마지막 수업』이라는 책을 읽게 됐다. 이 시대에 가장 똑똑하다고 불리던 분이 죽음을 앞두고 마지막으로 남긴 메시지가 무엇인지 궁금했기 때문이다. 책에서 ② <u>그</u>는 88년 인생의 결론은 피땀도 아닌 눈물 한 방울이라고 밝혔다. 그리고 자신을 위한 눈물이 아닌 다른 사람을 위한 눈물은 인간이 흘릴 수 있는 가장 아름다운 눈물이라고 했다. '피땀'도 중요하지만 ③ <u>이 시대</u>에 정말 필요한 것은 '다른 사람을 위한 눈물 한 방울'이라고 했다.

(Ⓐ) 그 후 나는 눈물 한 방울이라는 말이 계속 생각났다. (Ⓑ) 목표를 향한 노력과 정성 외에 다른 사람을 향한 이해와 공감이 나에게 얼마나 있었는지 생각하게 되었다. 그리고 주변 사람들에게도 관심을 가지게 됐다. (Ⓒ) 그 후부터 나는 ④ <u>이 만남</u>이 나의 가치관을 변화시킨 소중한 만남이라고 생각하게 됐다.

2 밑줄 친 표현의 의미가 무엇인지 본문에서 찾아 써 보세요.

	표현	의미
①	그것	
②	그	
③	이 시대	
④	이 만남	

3 다음 물음에 답해 보세요.

(1) 책의 내용에 대해 알맞은 것을 골라 보세요.

① 죽음을 앞둔 사람이 남긴 메시지가 쓰여 있었다.
② 피땀을 흘려 노력하는 것이 가장 중요하다고 했다.
③ 자신을 위해 흘리는 눈물이 아름답다고 쓰여 있었다.

(2) '나'에 대한 내용으로 맞지 않는 것을 골라 보세요.

① 어릴 때는 자기 할 일을 열심히 하지 않는 아이였다.
② 책을 읽기 전에는 다른 사람에게 별로 관심이 없었다.
③ 책을 읽고 나서 가치관이 달라지게 되었다.

(3) 다음 문장이 들어갈 곳으로 알맞은 것을 골라 보세요.

> 그렇게 하니까 내 인생이 훨씬 행복해졌다.

① Ⓐ ② Ⓑ ③ Ⓒ

(4) '피땀'과 '다른 사람을 위한 눈물 한 방울'의 의미를 마지막 단락에서 찾아 각각 써 보세요.

4 여러분의 가치관을 변화시킨 책이나 영화 등에 대한 서술의 글을 쓰려고 해요.

(1) 여러분의 생각을 써 보세요.

그 책을 읽거나 영화를 보기 전에 여러분은 어땠습니까?	
그 책이나 영화에서 어떤 내용이 마음에 와닿았습니까?	
그 책을 읽거나 영화를 본 후에 여러분은 어떻게 달라졌습니까?	

(2) (1)을 바탕으로 여러분의 가치관을 변화시킨 특별한 만남에 대해 서술의 글을 써 보세요.

어휘와 표현 확인

의미를 아는 어휘나 표현에 √표 해 보세요.

1 처음이어서인지 긴장돼요

- □ 실감이 나다
- □ 도전하다
- □ 걱정스럽다
- □ 낯설다
- □ 끝까지 버티다
- □ 어려움을 겪다
- □ 향하다
- □ 소질
- □ 이득
- □ 따지다
- □ 평균
- □ 서너
- □ 미만
- □ 이상
- □ 비교적
- □ 가까이
- □ 임금
- □ 출시되다
- □ 대
- □ 어학연수를 하다

2 지금까지 했듯이 열심히 하면 될 거예요

- □ 묘사
- □ 머릿속
- □ 펑펑
- □ 녹다
- □ 흐르다
- □ 제집 드나들다
- □ 진행되다
- □ 소재
- □ 예상되다
- □ 투표율
- □ 휴양지
- □ 재산
- □ 성년
- □ 경험을 쌓다
- □ 연애
- □ 기획하다
- □ 단추를 끼우다
- □ 위험
- □ 실패
- □ 도달하다
- □ 좌우명으로 삼다
- □ 뒤를 잇다
- □ 농부
- □ 가난하다
- □ 떠나다
- □ 공사장
- □ 공업
- □ 건설업
- □ 끊임없이
- □ 포기하다
- □ 두렵다

3 꿈을 꾸며 살아야 합니다

- □ 영향을 미치다
- □ 시야를 넓히다
- □ 교훈을 얻다
- □ 관심을 기울이다
- □ 격려를 받다
- □ 정신을 본받다
- □ 사랑을 베풀다
- □ 가치관을 변화시키다
- □ 대하다
- □ 범위
- □ 편
- □ 특기
- □ 이름을 따다
- □ 브랜드
- □ 패션계
- □ 피땀을 흘리다
- □ 노력하다
- □ 시대
- □ 당연하다
- □ 불리다
- □ 죽음을 앞두다
- □ 방울
- □ 밝히다
- □ 공감
- □ 이해
- □ 소중하다
- □ 외
- □ 정성

2 단원 즐거운 여가 생활

소단원 1

- 여가 활동과 그 특징에 대한 어휘와 표현 익히기
- A/V-(ㄴ/는)다면서요? 어찌나 A/V-(으)ㄴ/는지
- 새로 시작한 여가 활동에 대한 대화 듣기

소단원 2

- A/V-고 해서
- 좋아하는 가수의 팬 미팅에 대한 대화 듣고 쓰기
- 가수의 팬이 된 후 생긴 긍정적인 변화에 대해 읽고 말하기

소단원 3

- 여행지의 인상적인 장면과 여행 소감에 대한 어휘와 표현 익히기
- N(이)면
- 여행에 대한 소감 말하기
- 기억에 남는 건축물을 묘사하는 글 읽고 쓰기

A

B

C

다음 대화를 듣고 A, B, C 중에서 알맞은 사진을 찾아 써 보세요.

1. (   )
2. (   )
3. (   )

12

1 발레를 배우기 시작했다면서요?

어휘와 표현 1

1 다음은 여가 활동과 그 특징에 대한 표현이에요. 소리 내 읽어 보세요. 그리고 의미를 알아보세요.

3월 직장인 취미반 안내

몸과 마음이 힘들어서 편안함과 (1) **안정감을 느끼고** 싶을 때
마음 맞는 사람들과 이야기하면서 (2) **공감대를 형성하고** 싶은 분들에게 추천합니다.

신청 강좌

도자기

(3) 공예 강좌를 수강해요

(4) 도자기를 빚어요

발레

(5) 몸이 유연해져요

(6) 몸의 균형을 잡아요

방송 제작

(7) 실시간으로 방송해요

(8) 사람들과 소통해요

2 다음 대화를 듣고 **1**의 표현을 사용해 문장을 완성해 보세요. 13

(1) 다샤는 엘렌의 ______________________ 것을 부러워하고 있어요.

(2) 위칭은 방학에 가죽으로 지갑을 만드는 ______________________.

(3) 안나는 배우 박연수가 종종 인터넷으로 ______________________ 점이 좋아요.

(4) 유나는 동호회 사람들과 이야기하면 ______________________ 수 있어서 즐거워요.

(5) 진영의 조카는 울다가 엄마가 안아 주니까 ______________________ 울음을 그쳤어요.

3 **1**의 표현을 사용해 친구와 이야기해 보세요.

(1) 여러분이 하고 싶은 여가 활동은 뭐예요? 그 여가 활동은 어떤 특징이 있어요?

(2) 여러분 나라 사람들이 하는 색다른 여가 활동에는 뭐가 있어요?

문법 1

1 다음 대화를 듣고 질문에 알맞은 답을 골라 보세요.

14

(1) 위칭이 진차오에게 영상을 찍는 것에 대해 물어보는 이유는 뭐예요?

① 쇼타가 궁금해해서요.

② 쇼타한테서 들은 걸 확인하고 싶어서요.

(2) 안나는 올리버의 말을 듣고 왜 놀랐어요?

① 올리버가 친구에게 안나가 지각한 걸 말해서요.

② 올리버가 어제 결석했는데 안나가 지각한 걸 알고 있어서요.

2 들은 사실을 확인하려고 물을 때 어떻게 말해요? 다음 대화를 듣고 따라 해 보세요.

15

A-다면서요?
V-는다면서요?/ㄴ다면서요?

'-(ㄴ/는)다면서요?'는 형용사, 동사와 함께 쓰여 다른 사람에게 들은 내용을 듣는 사람에게 물어서 확인할 때 사용된다. '이다'는 '(이)라면서요?'로 쓴다.

예) A 안나한테 들었는데 요즘 취업 준비로 많이 힘들다면서요?
B 네. 요즘 취업 스트레스로 밤에 잠도 잘 못 자요.

A 올리버 씨, 요즘 올리버 씨 회사에서 신제품을 만든다면서요?
B 기사 봤군요. 맞아요. 다음 달쯤엔 신제품이 나올 거예요.

A 다샤 씨, 오늘이 생일이라면서요?
B 아니에요. 오늘이 아니라 어제가 생일이었어요.

3 학생 A와 B가 되어 '-(ㄴ/는)다면서요?'를 사용해 말해 보세요. 그리고 친구의 대답을 듣고 O, X표 해 보세요.

학생 A

학생 B p. 153 >

[확인하려는 정보] 질문하세요!

	사실 여부
(1) 문화 수업 날짜가 연기됐어요?	○
(2) 내일 기온이 영하 10도예요?	
(3) 쇼타보다 쇼타의 동생이 키가 더 커요?	
(4) 가수 김지훈이 다음 달에 입대할 거예요?	

A 문화 수업 날짜가 연기됐다면서요?

B 네. 선생님께서 문화 수업이 다음 주로 연기됐다고 하셨어요.

[아는 사실] 대답하세요!

(5)

(6)

(7)

(8)
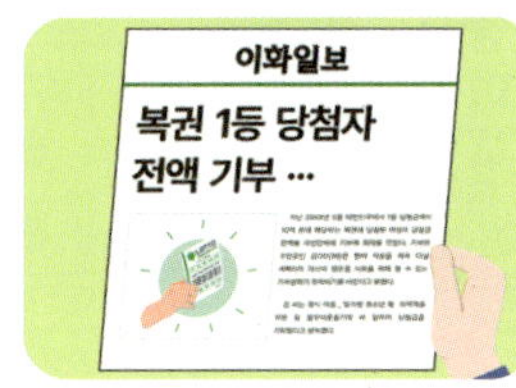

4 다음을 보고 '-(ㄴ/는)다면서요?'를 사용해 서로 묻고 답해 보세요. 그리고 새로운 대화도 만들어 보세요.

서울에서 천안까지 지하철로 갈 수 있다면서요?

네. 한 시간 반 정도면 갈 수 있어요.

(1) 서울에서 천안까지 지하철로 갈 수 있어요?

(2) 이번 학교 축제에 블루진스가 축하 공연을 와요?

(3) 요즘 젊은 사람들 사이에서 테니스의 인기가 뜨거워요?

(4) 지난주에 개봉한 영화 〈사랑과 우정〉을 본 관객 수가 700만 명을 넘었어요?

(5)

(6)

문법 2

1 다음을 읽고 색칠한 부분이 어떤 의미일지 추측해 보세요.

> 나는 요즘 스쿠버다이빙의 매력에 푹 빠졌다. 스쿠버다이빙을 하면 바다 속에서 헤엄치는 수천 마리의 물고기를 마음껏 볼 수 있다고 들었다. 실제로 해 보니까 한 번도 본 적 없는 물고기들이 어찌나 많은지 정말 놀랐다. 그래서 스쿠버다이빙 하는 날이 항상 기다려진다.

2 상태나 정도가 매우 심하다는 것을 강조해서 말할 때 어떻게 말해요? 다음 대화를 듣고 따라 해 보세요. 16

A 올리버 씨, 어제 학교에 왜 안 왔어요?
B 아침부터 배가 어찌나 아픈지 도저히 학교에 올 수가 없었어요.

A 위칭 씨, 어젯밤에 잠을 못 잤어요?
B 네. 같이 방을 쓰는 친구가 코를 어찌나 고는지 시끄러워서 잠을 한숨도 못 잤어요.

어찌나 A-은지/ㄴ지
어찌나 V-는지

'어찌나 -(으)ㄴ/는지'는 형용사, 동사, '이다'와 함께 쓰여 뒤의 결과를 가져온 앞의 상태나 정도가 상당함을 나타낸다. '어찌나 -(으)ㄴ/는지 모르다' 형태로도 쓰여 앞의 상황이 상당함을 강조할 때 사용된다. '어찌나' 대신에 '얼마나'와 함께 쓰이기도 한다.

예) 경치가 어찌나 아름다운지 구경하느라 정신이 없었어요.
딸이 책을 얼마나 좋아하는지 책 읽느라고 새벽까지 잠을 안 자요.
학생들이 수업 시간에 어찌나 적극적인지 서로 발표를 먼저 하려고 하네요.
스트레스가 쌓일 때 이 노래를 따라 부르면 얼마나 속이 시원한지 몰라.

3 다음을 보고 알맞은 것을 찾아 연결하고 '어찌나 -(으)ㄴ/는지'를 사용해 말해 보세요.

	상황	생각
서울 생활은 어때요?	(1) 물가가 비싸다	생활비가 너무 많이 들다
	(2) 교통이 편리하다	주말이 아니면 만나기 힘들다
	(3) 한국 친구들이 바쁘게 살다	서울에서 어디든지 가기 편하다
새로 옮긴 회사는 어때요?	(4) 월급이 적다	돈을 모으는 건 꿈도 못 꾸다
	(5) 출근 시간이 이르다	반바지를 입고 오는 사람도 있다
	(6) 회사 분위기가 자유롭다	매일 새벽같이 집에서 나와야 한다

A 서울 생활은 어때요?

B 물가가 어찌나 비싼지 생활비가 너무 많이 들어요.

4 다음을 보고 '어찌나 -(으)ㄴ/는지'를 사용해 서로 묻고 답해 보세요. 그리고 새 대화도 만들어 보세요.

어제 영화 〈작별〉을 보다가 울었어요?

네. 영화가 어찌나 슬픈지 눈물을 참을 수 없었어요.

	상황	이유
(1)	어제 영화 〈작별〉을 보다가 울었다	영화가 너무 슬펐다
(2)	콘서트 표 예매에 실패했다	컴퓨터의 인터넷 속도가 너무 느리다
(3)	우산도 썼는데 옷이 다 젖었다	
(4)	같은 브랜드에서 티셔츠를 많이 샀다	
(5)		
(6)		

듣기

1 다음은 새로 시작한 여가 활동이에요. 무슨 여가 활동이고 이 활동을 하면 무엇이 좋을까요?

2 다음은 유나와 마테오의 대화예요. 잘 듣고 물음에 답해 보세요. 17

(1) 유나가 선물을 준비한 방법으로 알맞은 것을 골라 보세요.

① 

② 

③ 

(2) 유나가 하는 취미 활동의 장점으로 맞지 <u>않는</u> 것을 골라 보세요.

① 같은 취미를 가진 사람들을 많이 만날 수 있어요.
② 도자기를 빚고 있으면 스트레스를 잊을 수 있어요.
③ 디자인이 흔하지 않은 나만의 그릇을 만들 수 있어요.

(3) 들은 내용으로 알맞은 것을 골라 보세요.

① 마테오 주변에는 도자기 공예에 관심이 있는 사람들이 많아요.
② 마테오는 도자기에 관심이 생겨서 두 달 전에 몇 개 구입했어요.
③ 유나가 듣는 수업은 세 달 전부터 미리 예약해야 수강할 수 있어요.

3 여러분은 시간이 있으면 무엇을 직접 만들어 보고 싶어요? 그 이유는 뭐예요? 친구와 이야기해 보세요.

2 편지도 주고 같이 사진도 찍고 해서 좋았어요

문법 3

1 다음을 읽어 보세요. 이유를 나타내는 표현을 찾아 모두 밑줄을 그어 보세요. 그리고 사진에 맞는 표현도 찾아보세요.

나는 위칭과 가장 친하다. 우리는 같은 반에서 한국어 수업을 듣고 있어서 자연스럽게 가까워졌다. 또 위칭과 같은 가수를 좋아하기 때문에 나눌 이야기도 많을 뿐만 아니라 마음도 잘 통하고 해서 친한 친구가 되었다. 무엇보다 힘들 때 위칭이 항상 내 이야기를 잘 들어 주고 해서 나는 위칭이 좋다.

2 어떤 일의 여러 가지 이유 중 하나임을 말할 때 어떻게 말해요? 다음 대화를 듣고 따라 해 보세요. 18

A 가수 김지훈은 왜 그렇게 인기가 많아요? 노래를 잘해요?
B 노래도 잘하지만 성격도 좋고 해서 좋아하는 사람이 많아요.

A 쇼타 씨, 휴대 전화를 또 바꿨어요? 산 지 1년도 안 되지 않았어요?
B 그렇기는 한데 제가 자주 떨어뜨려서인지 작동도 잘 안 되고 해서 새걸로 바꿨어요.

A/V-고 해서

'-고 해서'는 형용사, 동사, '이다'와 함께 쓰여 앞 내용이 뒤 내용의 여러 이유 가운데 하나임을 나타낸다.
'-고 -고 해서'는 두 가지 이상의 이유를 나열할 때 사용된다.

예) 집에 있으면 답답하고 해서 잠깐 나갔다 왔어요.
일이 적성에도 안 맞고 해서 이직할까 해요.
연말이고 해서 고마운 사람들에게 연락을 했어요.
선물할 데도 있고 동생 생일이고 해서 초콜릿을 여러 개 만들었어요.

3 다음을 보고 √표 하세요. '-고 해서'를 사용해 말해 보세요.

	질문	이유	
(1)	머리를 자르려고 해요?	☐ 길어서 말리기 귀찮다	☑ 스타일을 바꾸고 싶다
(2)	약속을 취소했어요?	☐ 숙제가 많다	☐ 머리가 아프다
(3)	해외여행을 가려고 해요?	☐ 적금을 탔다	☐ 오랫동안 여행을 못 갔다
(4)	밤늦게까지 게임을 했어요?	☐ 시험이 끝났다	☐ 내일이 토요일이다
(5)	오늘 아침에 조깅을 했어요?	☐ 공원이 집에서 가깝다	☐ 친구가 같이 하자고 하다
(6)	동호회 활동을 해 보려고 해요?	☐ 한국 생활이 외롭다	☐ 주말에 한가하다

A 머리를 자르려고 해요?

B 네. 스타일도 바꾸고 싶고 해서 머리를 자르려고요.

4 다음을 보고 '-고 해서'를 사용해 서로 묻고 답해 보세요. 그리고 새 대화도 만들어 보세요.

왜 학교 근처로 이사를 오려고 해요?

집이 학교에서 멀고 교통도 불편하고 해서 학교 근처로 이사를 오려고요.

(1) 왜 학교 근처로 이사를 오려고 해요?

(2) 옷을 반품하려고요?

(3) 왜 한국으로 유학을 왔어요?

(4) 요즘 얼굴이 왜 이렇게 피곤해 보여요?

(5)

(6)

듣고 쓰기

1 다음을 보고 상우와 안나가 무엇에 대해 이야기하고 있는지 말해 보세요.

2 다음은 좋아하는 가수의 팬 미팅에 대한 대화예요. 잘 듣고 물음에 답해 보세요. 19

(1) 대화를 잘 들으세요. 들은 내용 중 중요한 것을 메모해 보세요.

(2) 다시 대화를 듣고 물음에 답해 보세요.

1) 안나가 배우 박연수의 팬 미팅에 간 이유는 뭐예요?

2) 안나는 왜 팬 미팅 시간이 빨리 지나간 것 같다고 느꼈어요?

3) 안나가 박연수와 팬 미팅에서 사진을 찍은 상황으로 알맞은 것을 골라 보세요.

① 

② 

③ 

(3) 한 번 더 들으세요. 들으면서 잘못 들었거나 새롭게 들은 내용을 (1)에 추가해 써 보세요.

3 3~4명씩 모여서 **2**의 내용을 바탕으로 글을 써 보세요.

(1) **2**의 (1)을 서로 비교하면서 같은 것과 다른 것이 무엇인지 확인해 보세요.

(2) **2**의 내용을 '-고 해서'와 '어찌나 -(으)ㄴ/는지'를 사용해 6~7문장의 글로 완성해 보세요.

상우는 안나의 블로그에서 안나가 배우 박연수와 같이 찍은 사진을 봤어요. ______________________

____

____

____

____

____

____

(3) (2)의 내용과 표현이 맞는지 162쪽의 듣기 지문과 비교해 보세요.

읽고 말하기

1 어머니와 딸에게 무슨 일이 있었는지 다음을 보고 말해 보세요.

2 다음은 어머니가 가수 김지훈의 팬이 된 후 생긴 긍정적인 변화에 대해 쓴 글이에요. 글을 읽고 다음에 메모해 보세요.

어머니와 저는 가수 김지훈의 팬이에요. 그런데 어머니가 김지훈의 팬이 되기 전에는 저하고 말이 잘 안 통했어요. 어머니께서 제가 가수를 좋아하는 걸 이해하지 못하셨거든요. 한번은 고등학생 때 바로 옆 도시에서 콘서트가 있었는데요. 그때 좋아하던 가수도 오고 거리도 가깝고 해서 친구들과 콘서트를 보러 갔는데 그 일로 어머니께 혼난 적도 있었어요.

그런 어머니가 하루는 TV에서 김지훈이 노래하는 걸 보면서 울고 계시는 거예요. 놀라서 왜 우시냐고 여쭤보니까 지금까지 살아온 인생에 대해 칭찬해 주는 사람이 없었는데 김지훈의 따뜻한 목소리와 노래 가사가 어머니께 고생했다고 말해 주는 것 같아서 눈물이 났다고 하셨어요. 그날부터 어머니는 김지훈을 좋아하게 됐고 김지훈의 노래를 항상 들으세요. 이 일로 저는 어머니도 누군가에게 위로받고 싶은 평범한 사람이라는 걸 깨달았어요. 그 후 저도 김지훈이 좋아져서 팬이 됐어요. 김지훈에 대해 어머니와 나눌 수 있는 이야깃거리도 많아졌어요. 김지훈 덕분에 어머니와 공감대가 형성돼서 참 좋아요.

Q 어머니가 김지훈의 팬이 되기 전에 어떤 일이 있었어요?
A

Q 어떤 일을 계기로 어머니가 김지훈의 팬이 되었어요?
A

Q 김지훈의 팬이 된 후에 어머니와 나는 무엇이 달라졌어요?
A

3 다음은 가수나 배우의 팬이 된 후 긍정적인 변화를 경험한 사람들의 이야기예요. 한 개를 골라 메모하고 마지막 이야기를 만들어 보세요.

Q 가수나 배우의 팬이 되기 전에 어떤 일이 있었어요?

A

Q 어떤 일을 계기로 그 사람의 팬이 되었어요?

A

Q 그 사람의 팬이 된 후에 무엇이 달라졌어요?

A

4 2명씩 모이세요. **3**의 메모를 보고 다음과 같이 말해 보세요. 그리고 다른 친구의 질문에 답해 보세요.

A 어머니께서 김지훈의 팬이 되기 전에 제가 가수를 좋아하는 걸 이해하지 못하셨어요. 그래서 어머니랑 대화하면 말도 잘 안 통하고 답답하고 해서 점점 이야기하는 시간이 줄었어요. 그런데 …… 그 후로 이야깃거리가 늘어서인지 어머니와 대화하는 게 즐거워졌어요.

B 잘 들었어요. 어머니와 같은 가수의 팬이 되다니 부럽네요. 어머니와 팬 미팅에도 같이 간 적이 있어요?

5 각 팀에서 제일 흥미 있는 이야기를 골라 발표해 보세요.

3 산이면 산, 바다면 바다 아름답지 않은 곳이 없어요

어휘와 표현 2

1 다음은 여행지의 인상적인 장면과 여행 소감에 대한 표현이에요. 듣고 따라 해 보세요. 그리고 의미를 알아보세요. 20

(1)

아침에 산 위로 **해가 떠올라요.**

(2)

마을이 **산으로 둘러싸여** 있어요.

(3)

해가 질 때 하늘이 **붉게 물들어요.**

(4)

여행을 못 가게 돼서 **실망이 커요.**

(5)

그림을 처음 본 순간 **마음을 빼앗겼어요.**

(6)

넓은 바다를 보고 있으면 **마음이 차분해져요.**

2 다음을 읽고 밑줄 친 것과 비슷한 의미를 (　　)에서 골라 보세요.

(1) 산에 가 보니까 산이 (눈으로 덮여, 온통 빨갛게 변해) 붉게 물들어 있었어요.

(2) 우리 마을은 산으로 둘러싸여 있어서 마을 (주변이 다 산이에요, 주변이 잘 보여요).

(3) 해가 떠오르면 (구름이 해를 가려서, 산 위로 해가 올라와서) 세상이 점점 밝아져요.

(4) 그 배우를 처음 본 순간 마음을 빼앗겨서 하루종일 (미워하게 됐어요, 그 사람 생각만 했어요).

(5) 조용한 음악을 들으니까 (복잡한 마음이 가라앉아서, 잊고 있던 걱정들이 생각나면서) 마음이 차분해져요.

3 **1**의 표현을 사용해 친구와 이야기해 보세요.

(1) 여러분이 지금까지 본 경치 중에서 가장 기억에 남는 장면은 뭐였어요? 그때 어떤 감정을 느꼈어요?

(2) 자연 경치가 멋있는 곳 중에서 여러분이 가장 가고 싶은 곳은 어디예요? 왜 그곳에 가고 싶어요?

문법 4

1 **마테오는 부산의 어떤 점이 마음에 들어요? 다음 대화를 듣고 알맞은 것을 모두 골라 보세요.** 21

(1)

(2)

(3)

2 **둘 이상을 예로 들어 말하면서 그 내용을 강조해서 말할 때 어떻게 말해요? 다음 대화를 듣고 따라 해 보세요.** 22

A 선생님, 어떻게 먹어야 건강을 지킬 수 있을까요?

B 야채면 야채, 고기면 고기 모두 골고루 잘 먹어야 됩니다.

A 이번에 새로 출시된 노트북의 장점을 한 가지만 말씀해 주시겠습니까?

B 글쎄요. 성능이면 성능, 무게면 무게, 디자인이면 디자인 모두 우수합니다. 그래서 하나만 고르기가 어렵군요.

N이면/면

'(이)면'은 명사와 함께 쓰여 둘 이상의 사물을 예로 들어 말하면서 그 내용을 강조할 때 사용된다. 지정하여 예로 드는 것이 두 가지 이상이 되어야 하며 'N(이)면 N, N(이)면 N'의 형태로 사용된다.

예) 쇼타는 수학이면 수학, 영어면 영어 못하는 게 없어요.
이 식당은 불고기면 불고기, 비빔밥이면 비빔밥 다 맛있어요.
우리 형은 평일이면 평일, 주말이면 주말 안 바쁜 날이 없어요.

3 다음을 보고 '(이)면'을 사용해 말해 보세요.

(1)

올리버는 운동을 잘해요?

(2)

그 영화 좋았어요?

(3)

그 식당이 그렇게 별로예요?

(4)

그 가수는 못하는 게 없죠?

(5)

그 숙소 괜찮았어요?

(6)

한국어가 어려워요?

A 올리버는 운동을 잘해요?

B 네. 농구면 농구, 수영이면 수영 다 잘해요.

4 다음을 보고 √표 하세요. '(이)면'을 사용해 서로 묻고 답해 보세요. 그리고 새 대화도 만들어 보세요.

이번 명절에 여행을 가고 싶은데 버스나 기차표가 있을까요?

아니요. 없을 거예요. 명절에 고향 가는 사람이 많아서 버스면 버스, 기차면 기차 다 매진일 거예요.

	질문	네	아니오
(1)	이번 명절에 여행을 가고 싶은데 버스나 기차표가 있을까요?		√
(2)	그 카페는 디저트가 맛있다면서요?	√	
(3)	지금 같이 사는 룸메이트하고 잘 맞아요?		
(4)	영화 〈사랑과 우정〉이 흥행에 성공했다면서요?		
(5)			
(6)			

말하기

얼마 전에 다녀온 여행에 대해 이야기하려고 해요. 여행에서 무엇이 좋았는지, 기억에 남는 장면에 대한 소감은 어떤지 이야기하는 역할극을 해 보세요.

1 다음은 역할극의 상황이에요. 다음을 보고 어떤 상황인지 친구와 이야기해 보세요.

지난 주말에 안나와 다샤는 경주에 다녀왔어요. 다샤에게 경주 여행이 좋았다는 이야기를 들은 진차오가 안나를 만나서 여행에 대해 자세히 물어봐요. 안나는 진차오에게 여행에서 무엇이 좋았는지 이야기하고 특별히 기억에 남는 장면에 대한 소감을 말해요.

(1) 여러분은 여행에서 무엇이 좋았는지 강조해서 말할 때와 기억에 남는 장면에 대한 소감을 말할 때 어떻게 말해요? 이때 사용하는 표현을 써 보세요. 그리고 진차오와 안나가 되어 역할극을 해 보세요.

기능	표현
여행에서 무엇이 좋았는지 강조해서 말하기	
기억에 남는 장면에 대한 소감 말하기	

진차오

① 안나의 여행에 대해 들은 내용을 확인하면서 여행이 어땠는지 물어보세요.

① 여행에 대해 묻는 진차오의 질문에 여행에서 무엇이 좋았는지 강조해서 말하세요.

② 기억에 남는 장면을 본 소감을 물어보세요.

안나

② 기억에 남는 장면에 대한 소감을 말하세요.

(2) (1)에서 만든 대화에 대해 말해 보세요.

여러분은 여행에서 무엇이 좋았는지 강조해서 말할 때 어떻게 말했어요?

기억에 남는 장면에 대한 소감을 말할 때 어떻게 말했어요?

2 여행에서 무엇이 좋았는지 강조해서 말할 때와 기억에 남는 장면에 대한 소감을 말할 때 어떻게 말하는지 알아보세요.

(1) 여행에서 무엇이 좋았는지 강조해서 말할 때 어떻게 표현할까요?

여행에서 무엇이 좋았는지 강조해서 말하기

A 다샤한테 잠깐 들었는데 이번 여행이 그렇게 좋았다면서요?

B
- 맞아요. 경치에 음식까지 전부 다 만족스러웠어요.
- 맞아요. 경치면 경치, 음식이면 음식 뭐 하나 빠지는 거 없이 최고였어요.
- 네. 경치도 좋고 음식도 맛있었어요. 하나부터 열까지 모두 다 완벽했어요.

(2) 기억에 남는 장면에 대한 소감을 말할 때 어떻게 표현할까요?

기억에 남는 장면에 대한 소감 말하기

A 일출이 얼마나 멋있었는데요?

B
- 바다 위로 커다란 해가 떠오르는 모습이 어찌나 아름다웠는지 감동 그 자체였어요.
- 바다 위로 커다란 해가 조금씩 떠오르는데 그 모습이 얼마나 아름다웠는지 몰라요.
- 바다에 커다란 해가 조금씩 뜨는데 그 아름다운 모습은 말로 다 표현할 수 없었어요.

3 다음 대화를 들은 후 읽어 보세요. 그리고 대화 내용과 순서를 알아보세요. 23

대화 순서		
여행에 대해 묻고 답하기	진차오	안나 씨, 다샤랑 주말에 경주에 갔다 왔죠?
	안나	네. 오랜만에 바람도 쐬고 싶고 해서 같이 갔다 왔어요.
여행에서 무엇이 좋았는지 강조해서 말하기	진차오	다샤한테 잠깐 들었는데 이번 여행이 그렇게 좋았다면서요?
	안나	맞아요. 경치면 경치, 음식이면 음식 뭐 하나 빠지는 거 없이 최고였어요.
기억에 남는 것 묻고 답하기	진차오	그래요? 그중에서 가장 기억에 남는 건 뭐였나요?
	안나	바닷가에서 일출을 본 거요. 바다 위로 해가 뜨는 걸 봤는데 제가 본 일출 중 제일 멋있었어요.
기억에 남는 장면에 대한 소감 말하기	진차오	아니, 일출이 얼마나 멋있었는데요?
	안나	해가 뜨기 전에 정말 어두웠었는데 해가 뜰 때쯤 하늘이 점점 붉게 물들었어요. 그러다가 바다 위로 커다란 해가 조금씩 떠오르는데 그 모습이 얼마나 아름다웠는지 몰라요.
	진차오	그렇군요. 저도 한번 가 봐야겠네요.

4 다음 대화 상황과 역할을 읽고 **2**와 **3**에서 배운 것을 활용해 사람 1과 사람 2가 되어 역할극을 해 보세요.

사람 1

사람 2가 여행을 다녀온 사실을 확인하고 그 여행이 어땠는지 물어보세요. 그리고 기억에 남는 장면과 그것을 본 소감을 물어보세요.

사람 2

친구와 여행을 다녀왔는데 모든 것이 다 만족스러웠어요. 사람 1에게 여행을 떠난 이유와 여행에서 무엇이 좋았는지 강조해서 말하고 특별히 기억에 남는 장면과 그것에 대한 소감을 이야기하세요.

5 친구와 같이 만든 역할극을 발표해 보세요.

+ 더 알아보기

A-은가요?/ㄴ가요?
V-나요?

'-(으)ㄴ가요?'는 형용사, '이다'와 함께 쓰이고 '-나요?'는 동사와 함께 쓰여 부드럽고 친절하게 질문할 때 사용된다. 주로 구어에서 사용된다.

예) 올리버 씨, 요즘 일이 많은가요?
선생님, 몇 시에 수업이 끝나나요?
위칭 씨는 기숙사에서 사나요?
어제 많이 아팠나요?

읽고 쓰기

1 다음은 제주에 있는 제주추사관을 다녀온 후 쓴 글이에요. 글을 읽고 두 번째 단락에서 제주추사관의 외부 모습을 묘사한 부분을 찾아 밑줄을 그어 보세요.

김정희의 '세한도'와 제주추사관

세한도

도시를 떠나 쉬고 싶고 해서 찾은 제주. 그곳에 조선 시대 학자 추사 김정희(1786~1856)의 '세한도' 속 집과 똑 닮은 건축물이 있다는 말을 듣고 가 보았다. 그곳은 바로 제주 서귀포에 위치한 제주추사관이다.

제주추사관 외부 모습

그곳에 도착해서 본 제주추사관은 네모난 상자 위에 지붕만 하나 얹어 놓은 모습이었다. 유명 건축가가 지은 곳이라고 들어서 세련된 모습을 기대했는데 창고 같은 모습이어서 조금 색달랐다. 그리고 건물에 들어가려고 했는데 1층에 입구가 없어서 더 놀랐다.

제주추사관에 들어가려면 건물 밖에 있는 계단을 따라 지하 1층으로 내려가야 했다. 건물 안으로 들어가니까 그곳에 전시실이 네 개 있었다. 제1전시실에서 김정희의 작품들을 구경하면서 걸어가니까 제2전시실이 나왔다. 내가 가장 보고 싶은 '세한도'는 제2전시실에 있었다. 도시의 화려함에 익숙해져 있다가 집 한 채와 나무 네 그루만 그려 놓은 그림을 보니까 그 단순한 매력에 마음을 빼앗겨서 나는 한동안 그 앞에 서 있었다. (Ⓐ) 좁은 계단을 따라 1층으로 올라갔는데 그곳에는 전시실이 없고 넓은 공간만 있었다. 오른쪽 벽에는 '세한도' 속 집에 그려져 있던 동그란 문과 닮은 둥근 창문만 하나 있었다. (Ⓑ) 조용한 공간에 서서 창밖으로 보이는 나무를 보고 있으니 복잡한 마음도 차분해졌다. (Ⓒ)

구경을 마치고 1층 출구를 지나서 밖으로 나왔다. 아쉬움이 남아 다시 돌아봤는데 제주추사관의 모습이면 모습, 분위기면 분위기 모두 '세한도' 속에 있는 집을 그대로 옮긴 것 같다는 생각이 들었다. 마음이 답답할 때 다시 한번 오고 싶다는 생각을 하면서 그곳을 떠났다.

2 위의 글을 다시 읽은 후에 두 번째 단락에서 밑줄 친 부분이 제주추사관의 외부 모습을 묘사한 내용이 맞는지 확인해 보세요. 그리고 찾은 내용을 써 보세요.

외부 모습을 묘사한 내용	• • •

3 다음 물음에 답해 보세요.

(1) 다음 문장이 들어갈 곳으로 알맞은 곳을 골라 보세요.

> '세한도'를 지나 마지막 전시까지 보고 나오니 바로 왼편에 1층으로 가는 계단이 있었다.

① Ⓐ　　② Ⓑ　　③ Ⓒ

(2) 이 글을 쓴 사람에 대한 내용으로 알맞은 것을 골라 보세요.

① 건물의 모습과 분위기가 '세한도'의 집과 닮았다고 생각했다.
② '세한도'를 직접 보고 처음에는 그림이 너무 단순해서 실망했다.
③ '세한도'를 구경하고 나서 마음이 차분해지는 것을 느꼈다.

(3) 제주추사관에 들어가려면 어디로 해서 들어가야 돼요? 써 보세요.

____

(4) 이 글을 쓴 사람이 1층에서 본 것으로 알맞은 것을 골라 보세요.

①

②

③

4 여러분이 다녀온 곳 중에서 기억에 남는 건축물을 묘사하는 글을 쓰려고 해요.

(1) 여러분의 생각을 써 보세요.

그곳은 어디입니까?	
그곳의 외부는 어떻습니까?	
그 건축물 안에서 특별히 기억에 남는 곳은 어디이고 그곳은 어떻게 생겼습니까?	
그곳에서 무엇을 느꼈습니까?	

(2) (1)을 바탕으로 기억에 남는 건축물을 묘사하는 글을 써 보세요.

어휘와 표현 확인

의미를 아는 어휘나 표현에 √표 해 보세요.

1 발레를 배우기 시작했다면서요?

- ☐ 안정감을 느끼다
- ☐ 공감대를 형성하다
- ☐ 공예 강좌를 수강하다
- ☐ 도자기를 빚다
- ☐ 몸이 유연해지다
- ☐ 몸의 균형을 잡다
- ☐ 실시간으로 방송하다
- ☐ 사람들과 소통하다
- ☐ 울다
- ☐ 불안하다
- ☐ 주제
- ☐ 색다르다
- ☐ 소셜 미디어(social media)
- ☐ 입대하다
- ☐ 복권
- ☐ 당첨자
- ☐ 당첨금
- ☐ 전액
- ☐ 기부하다
- ☐ 여부
- ☐ 개봉하다
- ☐ 빠지다
- ☐ 수천
- ☐ 헤엄치다
- ☐ 코를 골다
- ☐ 한숨도 못 자다
- ☐ 이르다
- ☐ 새벽같이
- ☐ 느리다
- ☐ 흔하다
- ☐ 딱

2 편지도 주고 같이 사진도 찍고 해서 좋았어요

- ☐ 밤늦다
- ☐ 적금을 타다
- ☐ 반품하다
- ☐ 팬 미팅
- ☐ 지나가다
- ☐ 워낙
- ☐ 마침
- ☐ 출연하다
- ☐ 단둘
- ☐ 운
- ☐ 여쭤보다
- ☐ 이야깃거리
- ☐ 시선

3 산이면 산, 바다면 바다 아름답지 않은 곳이 없어요

- ☐ 해가 떠오르다
- ☐ 산으로 둘러싸이다
- ☐ 붉게 물들다
- ☐ 실망이 크다
- ☐ 마음을 빼앗기다
- ☐ 마음이 차분해지다
- ☐ 덮이다
- ☐ 온통
- ☐ 가리다
- ☐ 미워하다
- ☐ 성능
- ☐ 무게
- ☐ 우수하다
- ☐ 시나리오
- ☐ 흥행
- ☐ 전부
- ☐ 자체
- ☐ 커다랗다
- ☐ 조금씩
- ☐ 외부
- ☐ 세한도
- ☐ 제주추사관
- ☐ 조선 시대
- ☐ 뚝
- ☐ 건축물
- ☐ 지붕
- ☐ 얹다
- ☐ 창고
- ☐ 입구
- ☐ 제-
- ☐ 전시실
- ☐ 채
- ☐ 그루
- ☐ 한동안
- ☐ 동그랗다
- ☐ 둥글다

3 단원 변화하는 사회

소단원 1
- 세대 차이에 대한 어휘와 표현 익히기
- A/V-(으)ㄹ수록
  A/V-더니
- 세대 차이에 대한 대화 듣기

소단원 2
- A/V-(으)ㄴ/는 대로
- 사라지는 것에 대한 대화 듣고 쓰기
- 사회적 인식이 달라진 직업에 대해 읽고 말하기

소단원 3
- 사회 현상에 대한 어휘와 표현 익히기
- N(이)란
- 행복한 삶에 대해 말하기
- 결혼에 대한 인식 변화의 기사 읽고 쓰기

A

B

C

다음 대화를 듣고 A, B, C 중에서 알맞은 사진을 찾아 써 보세요.

1. (　　　　　)
2. (　　　　　)
3. (　　　　　)

24

1 시간이 지날수록 세대 차이를 느껴요

어휘와 표현 1

1 다음은 세대 차이에 대한 표현이에요. 소리 내 읽어 보세요. 그리고 의미를 알아보세요.

(1)

개성이 강해요

(2)

선입견을 가져요

(3)

소외감을 느껴요

(4)

유행에 민감해요

(5)

주관이 뚜렷해요

(6)

세대 차이가 나요

(7)

주변에 무관심해요

(8)

의견 차이를 극복해요

2 다음을 읽고 밑줄 친 것과 비슷한 의미를 (　　　)에서 골라 보세요.

(1) 조슈아는 자신의 (생각을 분명하게, 의견을 반복해서) 말하는 걸 보면 주관이 뚜렷한 친구 같아요.

(2) 친구들과 같이 있어도 (친해진 느낌이 있어, 혼자인 것 같은 기분이 들어) 소외감을 느낄 때가 있어요.

(3) 엄마와 아이는 진학에 대해 (자신의 판단을 숨기고, 서로 다른 생각을 이해하고) 의견 차이를 극복했어요.

(4) 루이즈는 옷을 입을 때도 (평범한 걸 즐겨 입는, 남과 다른 뚜렷한 특징이 있는) 걸 보면 개성이 강한 거 같아요.

(5) 부장님은 나에 대한 소문을 듣고 (관심이 많았는지, 안 좋은 생각을 이미 했는지) 선입견을 가지고 나를 대했어요.

3 **1**의 표현을 사용해 친구와 이야기해 보세요.

(1) 여러분은 다른 사람과 세대 차이가 난다고 느낀 적이 있어요? 언제, 누구에게 느꼈어요?

(2) 여러분은 다른 사람과 생각이 다를 때 어떻게 해결해요?

문법 1

1 다음 대화를 듣고 질문에 알맞은 답을 골라 보세요. 25

(1) 위칭은 언제부터 음식을 잘 만들었어요?

① 원래 요리에 소질이 있었어요.

② 계속 연습해서 잘하게 됐어요.

(2) 올리버는 언제 여자 친구가 마음에 들었어요?

① 여자 친구를 만나자마자 좋아하게 됐어요.

② 여자 친구와 자주 이야기를 하면서 좋아졌어요.

2 어떤 상황이나 정도가 점점 더 심해질 때 어떻게 말해요? 다음 대화를 듣고 따라 해 보세요. 26

A 제가 사려고 한 옷이 딱 하나 남았어요.

B 그러네요. 10% 할인할 때는 옷이 많이 남아 있었는데 50% 할인하니까 거의 다 팔렸네요. 역시 가격이 싸**수록** 잘 팔리네요.

A 안나 씨, 그 한국 소설책을 또 읽는 거예요? 그 책이 그렇게 재미있어요?

B 네. 처음 읽었을 때는 내용이 어려워서 무슨 말인지 잘 몰랐는데 읽으면 읽**을수록** 내용을 이해하게 되니까 재미있어요.

A/V-을수록/ㄹ수록

'-(으)ㄹ수록'은 형용사, 동사, '이다'와 함께 쓰여 앞의 상황이나 정도가 더 심해질 경우 뒤의 결과나 상황도 그에 비례해 더하거나 덜하게 됨을 나타낼 때 사용된다. '-(으)면 -(으)ㄹ수록'의 형태로도 사용된다.

예) 입학 설명회에 사람이 많이 올 테니까 장소는 넓을수록 좋겠어요.
이 드라마는 볼수록 더 재미있는 것 같아요.
지하철역에서 가까운 집일수록 집값이 비싸요.
나이가 어리면 어릴수록 외국어를 빨리 배울 수 있어요.

3 다음에 알맞은 것은 무엇이에요? '-(으)ㄹ수록'을 사용해 말해 보세요.

(1) 깎다—작아지다 (2) 먹다—많아지다 (3) 많이 맞다—좋다

(4) 닦다—더러워지다 (5) 크다—가벼워지다 (6) 어둡다—잘 보이다

A 깎을수록 작아지는 것은 뭘까요?

B 깎으면 깎을수록 작아지는 것은 연필이에요.

4 다음을 보고 '-(으)ㄹ수록'을 사용해 서로 묻고 답해 보세요. 그리고 새 대화도 만들어 보세요.

친구랑 의견이 달랐는데 어떻게 의견 차이를 극복한 거예요?

이야기를 나눌수록 서로를 이해하게 돼서 의견 차이를 극복할 수 있었어요.

(1) 친구랑 의견이 달랐는데 어떻게 의견 차이를 극복한 거예요?

(2) 날씨가 더울 때 편의점에서 어떤 물건이 제일 잘 팔려요?

(3) 여행을 가려면 아직 시간이 많이 남았는데 왜 벌써 비행기표를 예약하는 거예요?

(4) 이사 갈 집을 알아보고 있는데 안나 씨가 사는 동네는 어때요?

(5)

(6)

문법 2

1 다음을 읽어 보세요. 서로 반대되는 사실을 나타내는 표현을 찾아 모두 밑줄을 그어 보세요. 그리고 그림에 맞는 표현도 찾아보세요.

우리 반 친구들은 처음 만났을 때와 많이 달라졌다. 처음 다샤를 봤을 때 다샤는 별로 말이 없었는데 지금은 말이 많아졌다. 그리고 조슈아는 예전에는 학교에 늦게 오더니 요즘은 일찍 온다. 또 마테오는 머리가 길었지만 지금은 짧아졌다. 안나는 쉬는 시간에 음악을 많이 듣더니 요즘 피곤해서인지 음악도 듣지 않고 계속 잔다.

2 전에 관찰해 알게 된 사실과 반대되는 사실을 말하거나 앞의 행동에 뒤이은 상황이나 행동을 말할 때 어떻게 말해요? 다음 대화를 듣고 따라 해 보세요. 27

A 어제와 오늘 날씨가 너무 다르네요.
B 그러니까요. 어제는 날씨가 덥더니 오늘은 시원하네요.

A 제가 냉장고에 넣어 놓은 주스를 혹시 누가 마셨는지 알아요?
B 아, 그거요? 쇼타가 방에 들어오더니 냉장고에서 주스를 꺼내 마시던데요.

A/V-더니

'-더니'는 형용사, 동사, '이다'와 함께 쓰여 과거에 관찰해 알게 된 사실과 반대되는 사실을 나타낼 때 사용된다. 또한 앞의 행동에 뒤이은 상황이나 행동을 나타낼 때도 사용된다.

예) 주말에는 백화점에 사람들이 많더니 평일에는 한산하네요.
안나가 어제는 공원에 운동하러 가더니 오늘은 하루 종일 집에 있어요.
위칭은 엘렌과 이야기하는 내내 표정이 별로더니 말도 없이 교실에서 나갔어요.

3 다음을 보고 알맞은 것을 찾아 연결하고 '-더니'를 사용해 말해 보세요.

	예전	요즘
이 식당도 전과 많이 달라졌죠?	(1) 사람이 별로 없었다	내부도 넓어지고 밝아졌다
	(2) 음식이 싸고 맛있었다	음식 가격도 많이 오르고 맛도 별로다
	(3) 옆 테이블의 이야기가 들릴 만큼 좁았다	식당 앞에 사람들이 계속 줄을 서 있다
위칭도 많이 변했죠?	(4) 외식을 좋아했다	집에서 자주 요리하다
	(5) 대학원에 진학하고 싶다고 했다	책보다 동영상을 즐겨 보다
	(6) 수업 후에 도서관에 가서 책을 열심히 읽었다	한국에서 취업하고 싶어 하다

A 이 식당도 전과 많이 달라졌죠?

B 네. 예전에는 사람이 별로 없더니 요즘은 식당 앞에 사람들이 계속 줄을 서 있어요.

4 다음을 보고 '-더니'를 사용해 서로 묻고 답해 보세요. 그리고 새 대화도 만들어 보세요.

올리버가 교실에 오자마자 바로 다시 나갔어요?

네. 전화를 받더니 바로 다시 나갔어요.

	현재 상황	이전 상황
(1)	올리버가 교실에 오자마자 바로 다시 나갔다	전화를 받았다
(2)	쇼타가 다샤에게 꽃을 줬다	갑자기 다샤에게 다가갔다
(3)	엘렌이 갑자기 눈물을 흘렸다	
(4)	버스에서 자리에 앉아 있던 진영이 갑자기 일어났다	
(5)		
(6)		

듣기

1 다음은 세대 차이를 보여 주는 상황이에요. 이 상황에 대해 어떻게 생각해요?

2 다음은 올리버와 유나의 대화예요. 잘 듣고 물음에 답해 보세요. 28

(1) 유나에 대한 내용으로 알맞은 것을 골라 보세요.

① 요즘 새로 나온 노래가 좋아서 듣고 있어요.
② 요즘 새로 나온 노래보다 예전에 나온 노래를 좋아해요.
③ 엄마가 같은 노래를 알고 계셔서 세대 차이가 안 난다고 생각했어요.

(2) 올리버가 신입 사원일 때의 내용으로 맞지 않는 것을 골라 보세요.

①

②

③

(3) 올리버가 말한 신입 사원에 대한 내용으로 맞지 않는 것을 골라 보세요.

① 신입 사원과 같이 식사하게 되면 올리버가 항상 계산해요.
② 신입 사원들은 점심을 먹을 때 따로 먹겠다고 할 때가 있어요.
③ 신입 사원들은 점심시간을 다른 사람에게 방해받지 않고 싶어 해요.

3 여러분의 세대는 어떤 특징이 있어요? 왜 그런 특징이 생겼을까요? 친구와 이야기해 보세요.

2 전에 말한 대로 사라진 것도 많아요

문법 3

1 이 사람은 어떻게 여행을 해야 돼요? 다음 대화를 듣고 알맞은 것을 골라 보세요. 29

(1)

(2)

2 어떤 동작이나 상태와 같은 모양임을 말할 때 어떻게 말해요? 다음 대화를 듣고 따라 해 보세요. 30

A 지난주에 등산 갔을 때 날씨가 안 좋았죠?

B 네. 날씨가 맑았으면 더 좋았겠지만 날씨가 흐린 대로 산에서 본 풍경도 멋있었어요.

A 오늘 불고기를 처음 만들려고 하는데 동영상을 보고 동영상에 나온 대로 하면 되겠죠?

B 그럼요. 저도 지난번에 동영상을 보고 그대로 했는데 정말 맛있었어요.

A-은 대로/ㄴ 대로
V-은 대로/ㄴ 대로, -는 대로

'-(으)ㄴ/는 대로'는 형용사, 동사와 함께 쓰여 앞 동작이나 상태와 같은 모양임을 나타낸다. 명사는 'N대로'로 사용된다.

예) 날씨가 추우면 추운 대로 여행하는 재미가 있어요.
선생님이 그리는 대로 저도 똑같이 따라 그렸어요.
뉴스에서 들은 대로 이야기해 주세요.
부모님께 그 일에 대해 사실대로 말씀드렸어요.

3 다음 상황에 알맞은 것은 무엇이에요? '-(으)ㄴ/는 대로'를 사용해 말해 보세요.

상황

(1) 이 곡을 연주하다

(2) 만두를 빚다

(3) 한복을 입다

(4) 블로그에 글을 작성하다

(5) 플라스틱 쓰레기를 버리다

(6) 인터넷 사이트에서 산 신발을 반품하다

조언

선생님이 피아노를 치다 똑같이 치다	그냥 쓰고 싶다 자유롭게 글을 쓰다
홈페이지에 나왔다 반품 신청하고 물건을 보내다	어머니가 만들다 따라서 빚다
안내문에 적혀 있다 저기에 따로 버리다	가게 직원이 알려 줬다 한복을 입다

A 어떻게 이 곡을 연주해야 하는지 모르겠어요.

B 선생님이 피아노를 치는 대로 똑같이 치면 돼요.

4 다음을 보고 '-(으)ㄴ/는 대로'를 사용해 서로 묻고 답해 보세요. 그리고 새 대화도 만들어 보세요.

우리 내일 발표를 잘할 수 있을까요?

물론이죠. 지금까지 연습한 대로 하면 괜찮을 거예요.

(1) 우리 내일 발표를 잘할 수 있을까요?

(2) 이 수학 문제는 풀기가 어려운데 좀 설명해 줄래요?

(3) 신제품 개발은 문제없이 잘 진행되고 있죠?

(4) 새로 산 청소기의 사용 방법을 잘 모르는데 어떻게 해야 돼요?

(5)

(6)

듣고 쓰기

1 다음을 보고 쇼타와 진영이 무엇에 대해 이야기하고 있는지 말해 보세요.

2 다음은 사라진 것에 대한 대화예요. 잘 듣고 물음에 답해 보세요.

31

(1) 대화를 잘 들으세요. 들은 내용 중 중요한 것을 메모해 보세요.

(2) 다시 대화를 듣고 물음에 답해 보세요.

1) 진영은 편지를 읽으면서 어떤 생각을 했어요?

2) 쇼타는 사람들이 요즘에는 왜 편지를 안 쓴다고 생각했어요?

3) 쇼타가 대화가 끝난 후에 할 행동으로 알맞은 것을 골라 보세요.

①

②

③

(3) 한 번 더 들으세요. 들으면서 잘못 들었거나 새롭게 들은 내용을 (1)에 추가해 써 보세요.

3 3~4명씩 모여서 2의 내용을 바탕으로 글을 써 보세요.

(1) 2의 (1)을 서로 비교하면서 같은 것과 다른 것이 무엇인지 확인해 보세요.

(2) 2의 내용을 '-(으)ㄹ수록'과 '-(으)ㄴ/는 대로'를 사용해 6~7문장의 글로 완성해 보세요.

진영은 어렸을 때 친구들에게 받은 편지를 읽고 있어요. ____________________

(3) (2)의 내용과 표현이 맞는지 165쪽의 듣기 지문과 비교해 보세요.

읽고 말하기

1 다음은 우리 주변에서 볼 수 있는 직업이에요. 무슨 일을 하는 어떤 직업인지 다음을 보고 말해 보세요.

2 다음은 사람들의 인식이 달라진 직업에 대해 쓴 글이에요. 글을 읽고 다음에 메모해 보세요.

직업 중에는 예전에는 각광을 받지 못하다가 어떤 일을 계기로 사람들의 관심을 끌면서 사회적 인식이 달라진 경우가 있다. 이런 직업 중 하나가 바로 안무가다. 몇 년 전 안무가들이 출연한 프로그램이 큰 인기를 끌었는데 이 프로그램에서 안무가들은 팀을 이뤄 춤을 추면서 경쟁했다. 그 이후로 이 직업에 대한 관심이 커졌고 사람들의 시선도 달라졌다.

예전에는 안무가의 역할이 가수의 노래에 맞는 춤을 만들고 그 춤을 가수가 공연할 때 뒤에서 그들을 돋보이게 하기 위해 추는 정도였다. 하지만 요즘 안무가는 자신이 선택한 노래에 맞춰 표현하고 싶은 대로 춤을 만든다. 그리고 자신이 창작한 춤 영상을 홈페이지에 찍어 올려 다른 사람들에게 보여 준다. 또 안무가들이 창작한 춤이 인기를 끌면서 자신들의 이름으로 공연도 열고 있다. 이렇게 안무가들의 활동 범위가 넓어졌고 안무가는 독립적으로 활동하는 예술가로 인정받게 되면서 사람들의 인식을 바꾼 직업이 되었다.

사람들의 사회적 인식이 달라진 직업은 뭐예요?	
사람들이 왜 그 직업에 관심을 갖게 됐어요?	
그 직업이 예전과 비교했을 때 어떻게 달라졌어요?	

3 여러분이 생각했을 때 사람들의 사회적 인식이 달라진 직업은 뭐예요? 그 직업에 대해 메모하면서 이야기를 만들어 보세요.

사람들의 사회적 인식이 달라진 직업은 뭐예요?

사람들이 왜 그 직업에 관심을 갖게 됐어요?

그 직업이 예전과 비교했을 때 어떻게 달라졌어요?

4 3~4명씩 모이세요. **3**의 메모를 보고 다음과 같이 말해 보세요. 그리고 다른 친구들의 질문에 답해 보세요.

A 예전에는 안무가의 역할이 가수를 돋보이게 하기 위해 춤을 추는 정도였어요. 하지만 안무가들이 출연한 프로그램이 인기를 끌면서 그 직업에 대한 사람들의 인식이 달라졌어요. …… 안무가는 자신이 선택한 노래에 맞춰 표현하고 싶은 대로 춤을 만들고 자신이 창작한 춤 영상을 홈페이지에 찍어 올려 다른 사람에게 보여 주며 자신의 이름으로 공연도 열고 있어요.

B 잘 들었어요. 프로그램에 출연한 것을 계기로 인식이 달라졌군요. 그런데 그 프로그램에서 이 직업이 어떻게 소개가 됐어요?

5 각 팀에서 제일 흥미 있는 이야기를 골라 발표해 보세요.

3 행복한 삶이란 뭘까요?

어휘와 표현 2

1 다음은 사회 현상에 대한 표현이에요. 듣고 따라 해 보세요. 그리고 의미를 알아보세요. 32

(1)

요즘은 **평생직장이 사라진** 시대라고 해요.

(2)

해가 지날수록 **출생률이 떨어지고** 있어요.

(3)

요즘 사람들은 **개인주의적 성향이 강해요.**

(4)

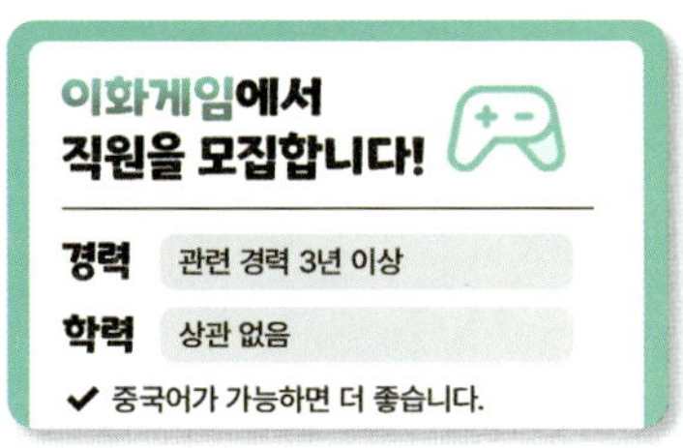

학력보다 **능력을 중시하는** 곳이 늘고 있어요.

(5)

더 좋은 일자리를 찾아 **이직하는** 사람이 많아졌어요.

(6)

자신이 원하는 것을 하기 위해 **결혼을 늦추는** 사람도 있어요.

2 다음 대화를 듣고 **1**의 표현을 사용해 문장을 완성해 보세요. 33

(1) 이 회사는 개인의 ________________ 곳이에요.

(2) 두 사람은 뉴스에서 ________________ 있다는 소식을 들었어요.

(3) 요즘 월급이나 근무 환경이 좋은 곳으로 ________________ 있어요.

(4) 진영의 언니는 ________________ 싶었는데 형부 때문에 빨리했어요.

(5) 마테오는 ________________ 발표 준비를 나눠서 각자 하고 싶어 해요.

3 **1**의 표현을 사용해 친구와 이야기해 보세요.

(1) 요즘 나타나는 사회 현상 중에서 여러분이 공감하는 것이 있어요? 왜 그것에 공감해요?

(2) 여러분의 나라에서는 어떤 사회적 변화가 있어요? 왜 그런 현상이 생기는 것 같아요?

문법 4

1 다음을 읽고 색칠한 부분이 어떤 의미일지 추측해 보세요.

얼마 전에 회사 면접 결과가 나왔는데 결과가 좋지 않았다. 면접을 볼 때 면접관이 나에게 관심을 보여 합격할 것 같다고 생각했기 때문에 실망이 더 컸다. 그때 가족들이 나를 많이 위로해 주었다. 이번 일을 계기로 **가족이란** 힘들거나 슬플 때 항상 내 옆에서 나를 지켜 주는 존재라는 것을 다시 느꼈다.

2 설명하려고 하는 것을 화제로 해서 이야기할 때 어떻게 말해요? 다음 대화를 듣고 따라 해 보세요. 34

A 마테오 씨가 생각하는 행복은 뭐예요?

B 제가 생각하는 행복**이란** 원하는 일을 할 때 느껴지는 기쁨이에요.

A 좋은 부모**란** 어떤 부모일까요?

B 글쎄요. 아이의 이야기를 잘 들어 주고 아이의 생각을 잘 이해해 주는 부모가 좋은 부모라고 생각해요.

N이란/란

'(이)란'은 명사와 함께 쓰여 설명하려고 하는 어떤 대상을 화제로 해서 이야기할 때 사용된다.

예) 책이란 마음의 양식이에요.
봉사란 어려운 사람을 단지 도와주는 것이 아니라 그 사람과 함께하는 거예요.
오늘 토론의 주제는 '학교란 무엇인가?'입니다.

3 다음을 보고 의미를 추측해서 맞는 것에 ✓표 하세요. 학생 A와 B가 되어 '(이)란'을 사용해 말해 보세요.

학생 A

학생 B p. 154 >

질문하세요!

어휘	의미
(1) 전업주부	☐ 지금은 일을 하지만 전에는 주부인 사람 ☑ 다른 일을 하지 않고 집안일만 하는 주부
(2) 가성비	☐ 가수로 성공하기 위해 드는 비용 ☐ 정해진 가격에서 기대할 수 있는 성능
(3) 캥거루족	☐ 운동선수처럼 높이 잘 뛰는 사람 ☐ 어른이 되어도 부모에게서 경제적으로 독립하지 못한 사람
(4) 새집 증후군	☐ 새를 집에서 키우면서 몸에 이상한 증상이 생기는 것 ☐ 새로 지은 집에 들어갈 때 몸에 없던 증상이 나타나는 것

대답하세요!

어휘	의미
(5) 수능	대학에서 공부할 수 있는 사람을 뽑기 위한 시험
(6) 스몸비(smombie)	길에서 주변을 보지 않고 스마트폰을 보며 걷는 사람
(7) 반려동물	마음을 의지하기 위해 가까이 두고 기르는 동물
(8) 1인 가구	함께 사는 사람이 없이 혼자 사는 가구

A 전업주부란 다른 일을 하지 않고 집안일만 하는 주부를 말하죠?
B 네. 맞아요.

4 다음을 보고 '(이)란'을 사용해 서로 묻고 답해 보세요. 그리고 새 대화도 만들어 보세요.

엘렌 씨는 사랑이 뭐라고 생각해요?

	어휘	내가 생각하는 의미
(1)	사랑	다른 사람을 아끼고 소중하게 생각하는 마음
(2)	진정한 친구	어려울 때 진심으로 도와줄 수 있는 사람
(3)	성공적인 삶	
(4)	즐거운 식사	
(5)		
(6)		

글쎄요. 사랑이란 다른 사람을 아끼고 소중하게 생각하는 마음이 아닐까요?

말하기

자신이 생각하는 행복한 삶이나 성공적인 삶에 대해 이야기하려고 해요. 친구에게 동생에 대한 불만과 상황을 말하며 행복한 삶이나 성공적인 삶에 대해 자신의 생각을 말하는 역할극을 해 보세요.

1 다음은 역할극의 상황이에요. 다음을 보고 어떤 상황인지 친구와 이야기해 보세요.

상우는 동생이 고등학교 졸업 후 미래에 대한 고민 없이 몇 년 동안 배낭여행을 하고 싶어 해서 불만이에요. 이 상황을 엘렌에게 이야기해요. 엘렌은 그 이야기를 듣고 여행하면서 행복한 삶에 대해 생각해 보는 것도 괜찮을 것 같다고 말해요. 엘렌은 행복한 삶이 뭐라고 생각하는지 상우에게 묻고 상우는 자신의 생각을 말해요.

(1) 여러분은 상대방의 말을 듣고 상대방과 의견이 다름을 말할 때와 행복한 삶에 대해 자신의 생각을 말할 때 어떻게 말해요? 이때 사용하는 표현을 써 보세요. 그리고 엘렌과 상우가 되어 역할극을 해 보세요.

기능	표현
상대방의 말을 듣고 상대방과 의견이 다름을 말하기	
행복한 삶에 대해 자신의 생각 말하기	

① 상우에게 배낭여행 하면서 행복한 삶에 대해 생각해 보는 것도 괜찮다고 말하세요.

엘렌

① 엘렌의 말을 듣고 엘렌과 의견이 다름을 말하세요.

② 상우에게 행복한 삶이란 무엇인지 물어보세요.

상우

② 엘렌에게 행복한 삶에 대해 자신의 생각을 말하세요.

(2) (1)에서 만든 대화에 대해 말해 보세요.

여러분은 상대방의 말을 듣고 상대방과 의견이 다름을 말할 때 어떻게 말했어요?

행복한 삶에 대해 자신의 생각을 말할 때 어떻게 말했어요?

2 **상대방의 말을 듣고 상대방과 의견이 다름을 말할 때와 행복한 삶에 대해 자신의 생각을 말할 때 어떻게 말하는지 알아보세요.**

(1) 상대방의 말을 듣고 상대방과 의견이 다름을 말할 때 어떻게 표현할까요?

상대방의 말을 듣고 상대방과 의견이 다름을 말하기

A 배낭여행 하면서 행복하게 사는 게 뭔지 천천히 생각하면 되죠.

B
- 전 좀 생각이 다른데요. 진로를 생각해야 될 때 가고 싶던 여행부터 가는 건 아닌 것 같아요.
- 그건 아닌 것 같아요. 지금 하고 싶은 여행부터 하는 게 아니라 진로부터 신중히 생각해야 된다고 봐요.
- 글쎄요……. 제가 이해가 안 되는 건 진로부터 먼저 고민해야 되는데 좋아하는 여행부터 간다는 거예요. 평생 하고 싶은 것만 하고 살 수는 없잖아요.

(2) 행복한 삶에 대해 자신의 생각을 말할 때 어떻게 표현할까요?

행복한 삶에 대해 자신의 생각 말하기

A 도대체 행복하게 산다는 게 뭘까요?

B
- 제가 생각하는 행복한 삶은 다른 사람들처럼 평범한 삶을 사는 거예요.
- 행복하게 산다는 건 남들이 하는 것처럼 취업도 하고 결혼도 하는 게 아닐까요?
- 행복한 삶이란 남들처럼 직장 생활도 하고 결혼해서 평범하게 사는 거라고 생각해요.

3 다음 대화를 들은 후 읽어 보세요. 그리고 대화 내용과 순서를 알아보세요.

35

동생에 대한 불만을 말하고 이유 묻기

상우 엘렌 씨, 제 동생은 왜 그러는지 모르겠어요. 정말 동생이 이해가 안 돼요.

엘렌 상우 씨, 동생과 무슨 일이 있었는지 천천히 이야기해 보세요.

동생의 상황을 전달하기

상우 동생이 어제 가족들 앞에서 고등학교를 졸업한 후에 취업을 하거나 대학에 가거나 하지 않고 몇 년 동안 배낭여행을 가겠다고 했어요.

엘렌 정말요? 동생은 왜 그렇게 하겠대요?

상우 남들처럼 취업을 하거나 대학을 가는 게 행복하지 않을 것 같대요. 그래서 그냥 지금 제일 하고 싶은 게 배낭여행이니까 그걸 하겠대요.

상대방의 말을 듣고 상대방과 의견이 다름을 말하기

엘렌 배낭여행 하면서 행복하게 사는 게 뭔지 천천히 생각하면 되죠.

상우 글쎄요……. 제가 이해가 안 되는 건 진로부터 먼저 고민해야 되는데 좋아하는 여행부터 간다는 거예요. 평생 하고 싶은 것만 하고 살 수는 없잖아요.

행복한 삶에 대해 자신의 생각 말하기

엘렌 그런데 저도 가끔 행복한 삶이 뭔지 고민하게 돼요. 도대체 행복하게 산다는 게 뭘까요?

상우 행복한 삶이란 남들처럼 직장 생활도 하고 결혼해서 평범하게 사는 거라고 생각해요.

엘렌 그 말도 일리가 있네요. 그래도 전 자기가 원하는 대로 살아 보겠다고 결정한 상우 씨 동생이 참 부럽네요.

4 다음 대화 상황과 역할을 읽고 **2**와 **3**에서 배운 것을 활용해 사람 1과 사람 2가 되어 역할극을 해 보세요.

사람 1

사람 2에게 자신이 일하는 분야에서 성공하기 위해 건강은 돌보지 않고 계속 일만 하는 동생에 대한 불만과 상황을 이야기하세요. 사람 2와 의견이 다름을 말하고 성공적인 삶이 뭐라고 생각하는지 이야기해 보세요.

사람 1의 이야기를 듣고 궁금한 것을 질문하고 자신의 의견을 말하세요. 그리고 사람 1에게 성공적인 삶이 뭐라고 생각하는지 묻고 자신의 생각을 말해 보세요.

사람 2

5 친구와 같이 만든 역할극을 발표해 보세요.

읽고 쓰기

1 다음은 결혼에 대한 인식 변화에 대한 잡지 기사예요. 각 단락의 소제목을 읽고 단락의 내용을 추측해 보세요.

요즘 사람들은 왜 결혼에 대한 생각이 달라졌을까?

요즘 결혼에 대한 사람들의 생각이 변하고 있다. 예전에는 사람들이 나이가 들면 결혼하는 것을 당연하게 생각했는데 지금은 그렇지 않다. 결혼을 늦추거나 결혼을 하지 않겠다고 하는 사람도 생겼다. 결혼에 대한 사람들의 생각이 왜 변했을까?

1 남녀의 사회적 위치 변화

예전에는 남자가 주로 사회생활을 하고, 여자가 집안일을 하는 경우가 많았지만 사회가 변화하면서 여성의 사회 진출이 증가했다. 그래서 남녀의 사회적인 위치가 예전보다 평등해졌다. (Ⓐ) 남녀 모두 결혼보다 일이 먼저라고 느끼는 사람이 늘었고 더 좋은 일자리로 갈 수 있는 기회가 많아지면서 일을 결혼보다 더 중요하게 생각하는 사람들도 증가했다.

2 자유로운 삶 희망

또한 부모에게 경제적인 독립을 한 1인 가구가 생기게 되었고 자신이 원하는 대로 자유로운 생활을 즐기는 사람들도 많아졌다. 즉 다른 사람의 시선보다 자신을 중심으로 생각하는 개인주의적 성향이 강해지면서 결혼보다 살고 싶은 대로 자유롭게 살려는 경향이 두드러지고 있다.

3 결혼 생활에 드는 비용에 대한 부담

한 설문 조사에 따르면 결혼 후에 생활을 유지하기 위해 필요한 비용도 부담스러워 하는 것으로 나타났다. 취업도 쉽지 않고 취업을 해도 그 일자리가 계속 유지될 거라는 보장이 없기 때문에 결혼 생활과 출산, 육아에 드는 비용도 부담스러워 하는 것이다. 다시 말해 Ⓑ 이런 불안감으로 혼자 살기도 힘든데 결혼까지 생각하기 어려워 피하는 것으로 보인다.

결혼이란 두 사람이 가정을 이루어 같이 미래로 나아가는 것인데 이렇게 결혼에 대한 생각이 많이 변화한 것을 알 수 있었다. 앞으로 사람들은 결혼에 대해 더 많은 고민을 하면서 결혼을 할지 말지 선택하게 될 것이다.

글 박유주 기자 ✉ parkyujoo@ewha.edu

2 위의 글을 읽으세요. 읽은 후에 **1**에서 추측한 내용이 맞는지 확인한 내용을 써 보세요.

소제목	확인한 내용
1 남녀의 사회적 위치 변화	
2 자유로운 삶 희망	
3 결혼 생활에 드는 비용에 대한 부담	

3 다음 물음에 답해 보세요.

(1) Ⓐ에 들어갈 말로 알맞은 것을 골라 보세요.

① 또한 ② 다행히 ③ 반대로

(2) 결혼에 대한 내용으로 맞지 않는 것을 골라 보세요.

① 예전에는 사람들이 결혼을 꼭 해야 된다고 생각했다.
② 요즘에는 결혼을 늦추기보다 안 하는 사람이 많아졌다.
③ 앞으로 사람들은 결혼을 할지 말지 더 많이 고민할 것이다.

(3) 결혼에 대해 생각의 변화를 갖게 된 내용으로 맞는 것을 골라 보세요.

① 사람들의 사회적인 진출이 쉬워진 반면에 좋은 일자리를 찾기가 어려워졌다.
② 경제적으로 독립한 사람들이 자신의 삶에 만족하지 못해 결혼을 생각하게 되었다.
③ 결혼 후에 아이를 낳고 키울 때 드는 출산과 육아 비용에 부담을 느끼는 사람들도 있다.

(4) Ⓑ가 의미하는 것이 무엇인지 본문에서 찾아 써 보세요.

+ 더 알아보기

N에 따르면

'에 따르면'은 명사와 함께 쓰여 어떤 상황이나 사실, 기준을 근거로 정보의 출처를 밝히거나 인용할 때 사용된다.

예) 선배 말에 따르면 그 시험이 매우 어렵다고 해요.
일기 예보에 따르면 이번 겨울은 많이 춥다고 합니다.
연구 결과에 따르면 스트레스가 많은 병의 원인이 된다고 합니다.

4 재택근무나 일하는 시간의 유연성 등 업무 환경 변화 현상의 원인과 전망에 대한 글을 쓰려고 해요.

(1) 여러분의 생각을 써 보세요.

어떤 업무 환경 변화가 일어났습니까?	
업무 환경 변화가 일어난 원인은 무엇입니까?	
이 현상에 대한 전망은 어떻습니까?	

(2) (1)을 바탕으로 업무 환경 변화 현상의 원인과 전망에 대한 글을 써 보세요.

어휘와 표현 확인

의미를 아는 어휘나 표현에 √표 해 보세요.

1 시간이 지날수록 세대 차이를 느껴요

- □ 개성이 강하다
- □ 선입견을 가지다
- □ 소외감을 느끼다
- □ 유행에 민감하다
- □ 주관이 뚜렷하다
- □ 세대 차이가 나다
- □ 주변에 무관심하다
- □ 의견 차이를 극복하다
- □ 숨기다
- □ 소문
- □ 나이
- □ 걸레
- □ 냉장고
- □ 내부
- □ 다가가다
- □ 푸르다
- □ 팀원

2 전에 말한 대로 사라진 것도 많아요

- □ 플라스틱
- □ 적히다
- □ 편지
- □ 전하다
- □ 새삼스럽다
- □ 우체통
- □ 각광을 받다
- □ 사회적
- □ 인식
- □ 안무가
- □ 역할
- □ 돋보이다
- □ 창작하다
- □ 독립적

3 행복한 삶이란 뭘까요?

- □ 평생직장이 사라지다
- □ 출생률이 떨어지다
- □ 개인주의적 성향이 강하다
- □ 능력을 중시하다
- □ 이직하는 사람이 많아지다
- □ 결혼을 늦추다
- □ 해
- □ 학력
- □ 빨리하다
- □ 비율
- □ 감소하다
- □ 서두르다
- □ 존재
- □ 전업주부
- □ 집안일
- □ 가성비
- □ 캥거루족
- □ 새집 증후군
- □ 나타나다
- □ 수능
- □ 스몸비(smombie)
- □ 스마트폰
- □ 바이러스
- □ 반려동물
- □ 의지하다
- □ 1인 가구
- □ 진정하다
- □ 진심
- □ 진로
- □ 도대체
- □ 일리
- □ 분야
- □ 진출
- □ 증가하다
- □ 평등하다
- □ 중심
- □ 경향
- □ 두드러지다
- □ 설문 조사
- □ 유지하다
- □ 부담스럽다
- □ 출산
- □ 육아
- □ 불안감
- □ 가정
- □ 나아가다

4 단원 인터넷과 생활

소단원 1
- 인터넷 사용에 대한 어휘와 표현 익히기
- A/V-던데
  V-는 바람에
- 즐겨 보는 동영상 채널에 대한 대화 듣기

소단원 2
- A/V-(ㄴ/는)다면
- 가짜 뉴스에 대한 전문가와의 인터뷰 듣고 쓰기
- 스마트폰 사용을 줄이는 방법에 대해 읽고 말하기

소단원 3
- 인터넷 중고 거래에 대한 어휘와 표현 익히기
- V-다시피 하다
- 인터넷 중고 거래에 대해 설명하기
- 중고품을 판매하는 광고의 글 읽고 쓰기

A

B

C

다음 대화를 듣고 A, B, C 중에서 알맞은 사진을 찾아 써 보세요.

1. (　　　　　)
2. (　　　　　)
3. (　　　　　)

36

1 영상이 안 올라왔던데 무슨 일이 있었어요?

어휘와 표현 1

1 다음은 인터넷 사용에 대한 표현이에요. 듣고 따라 해 보세요. 그리고 의미를 알아보세요. 37

(1)

파일을 다운로드한 후에 사용하면 돼요.

(2)

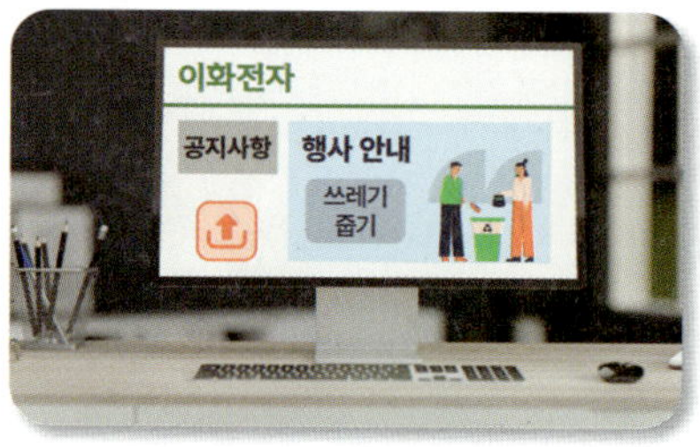

회사 홈페이지에 행사 관련 **게시물을 올렸어요.**

(3)

요즘은 어디에서나 편하게 **인터넷에 접속할** 수 있어요.

(4)

인터넷에 좋은 정보가 있어서 친구와 **정보를 공유했어요.**

(5)

지하에서는 **와이파이(Wi-Fi)가 잡히지** 않는 경우가 있어요.

(6)

인터넷에 있는 정보를 무조건 믿는 것보다 먼저 **정보 출처를 확인하는** 것이 좋아요.

2 다음 대화를 듣고 **1** 의 표현을 사용해 문장을 완성해 보세요. 38

(1) 진차오는 입학 안내 이메일을 받으면 위칭과 ______________________.

(2) 루이즈는 어제 ______________________ 수 없어서 동아리 신청을 못 했어요.

(3) 엘렌은 ______________________ 인터넷에 있는 글을 다른 사람에게 전했어요.

(4) 가수 김지훈이 소셜 미디어에 곧 활동을 다시 시작한다는 내용의 ______________________.

(5) 발표 피피티(PPT)를 만들 때 학교 홈페이지에서 다양한 디자인의 ______________________ 사용할 수 있어요.

3 **1** 의 표현을 사용해 친구와 이야기해 보세요.

(1) 여러분은 인터넷에 접속해서 주로 무엇을 해요?

(2) 여러분 나라에서 주로 이용하는 인터넷 사이트나 앱은 뭐예요? 왜 그걸 자주 이용해요?

문법 1

1 위칭이 정문 쪽으로 가라고 말한 근거는 뭐예요? 다음 대화를 듣고 알맞은 것을 골라 보세요. 39

(1)

(2)

2 과거에 경험해서 알게 됐거나 관찰한 사실을 생각하며 말할 때 어떻게 말해요? 다음 대화를 듣고 따라 해 보세요. 40

A 올리버 씨, 이번에 들어온 인턴사원은 어때요?
B 글쎄요. 성격은 사교적이고 좋던데 근무 경험이 없어서인지 업무는 잘 모르는 것 같아요.

A 안나 씨, 아침에 보니 자전거를 잘 타던데 언제 배웠어요? 작년에 한강 공원에 갔을 때는 잘 못 탔잖아요.
B 아, 방학 동안 친구한테 배웠어요. 그래서 요즘 자전거 타고 학교에 와요.

A/V-던데

'-던데'는 형용사, 동사, '이다'와 함께 쓰여 뒤의 내용과 관련해서 말하는 사람이 과거에 경험해서 알게 됐거나 관찰한 사실을 나타낸다. 주로 구어에서 사용된다.

예) 저 빵집은 항상 사람이 많던데 빵이 정말 맛있나 봐요.
아까 보니까 밖에 눈이 꽤 오던데 우산을 가지고 나가세요.
그 가수는 노래 실력은 별로던데 인기는 많은 것 같아요.

3 다음을 보고 '-던데'를 사용해 말해 보세요.

(1) 학교 앞 학원에서 실내 클라이밍을 가르쳐 주다

(2) 스키장이 문을 열었다

(3) 김민우 감독의 새 영화가 개봉했다

(4) 부산 음악 축제가 이번 달까지 무료다

(5) 요즘 이화미술관에서 하는 전시회가 유명하다

(6) 백화점 문화 센터에 그림을 배울 수 있는 1일 강좌가 많다

A 방학에 우리 같이 재미있게 할 수 있는 게 없을까?

B 학교 앞 학원에서 실내 클라이밍을 가르쳐 주던데 실내 클라이밍을 같이 해 보자.

4 다음을 보고 '-던데'를 사용해 서로 이야기해 보세요. 그리고 새 대화도 만들어 보세요.

자료를 찾아야 하는데 도서관에 갈 시간이 없어요.

인터넷으로도 자료를 볼 수 있던데 도서관 홈페이지에 들어가 보세요.

	상황	보거나 경험한 것	제안
(1)	자료를 찾아야 하는데 도서관에 갈 시간이 없다	인터넷으로도 자료를 볼 수 있다	도서관 홈페이지에 들어가다
(2)	출장을 가야 하는데 강아지를 맡길 곳이 없다	상우가 강아지를 키우다	상우한테 부탁하다
(3)	건강 관리를 효율적으로 하고 싶은데 방법을 모르다		건강 관리 앱을 설치하다
(4)	공연을 해야 하는데 기타 연주할 사람을 아직 못 찾았다		조슈아한테 물어보다
(5)			
(6)			

문법 2

1 다음을 읽어 보세요. 이유를 나타내는 표현을 찾아 모두 밑줄을 그어 보세요. 그리고 사진에 맞는 표현도 찾아보세요.

오늘 나는 조퇴를 했다. 내가 가장 좋아하는 가수의 콘서트 표를 예매하는 날이기 때문이다. 지난번에는 갑자기 급한 일이 생기는 바람에 표를 못 샀다. 그래서 오늘은 예매 사이트가 열리자마자 바로 표를 선택하고 결제 버튼을 눌렀다. 그런데 그때 갑자기 인터넷 연결이 끊기는 바람에 오늘도 결국 표를 사지 못했다. 사이트가 열리는 시간에 맞추느라 오늘 조퇴까지 했는데 너무 속상했다.

2 부정적인 결과의 원인을 말할 때 어떻게 말해요? 다음 (1)과 (2)를 보세요. 그리고 대화를 듣고 따라 해 보세요. 41

A 조슈아 씨, 수업에 늦었네요. 왜 수업에 늦었어요?

B 버스를 놓치는 바람에 늦었어요. 루이즈 씨, 루이즈 씨는 감기에 걸렸네요. 왜 감기에 걸렸어요?

A 어제 비를 맞는 바람에 감기에 걸렸어요.

V-는 바람에

'-는 바람에'는 동사와 함께 쓰여 앞의 행동이 부정적인 결과나 예상하지 못한 결과의 원인, 이유가 됨을 나타낼 때 사용된다.

예) 친구가 갑자기 큰 소리로 웃는 바람에 선생님 설명을 못 들었어요.
택시를 탔는데 길이 막히는 바람에 수업에 지각했어요.
윗집에서 시끄럽게 떠드는 바람에 잠을 못 잤어요.

3 **2**의 (3)~(6)을 보고 '-는 바람에'를 사용해 말해 보세요.

4 다음을 보고 '-는 바람에'를 사용해 서로 묻고 답해 보세요. 그리고 새 대화도 만들어 보세요.

왜 현금 인출기에서 돈을 못 찾았어요?

카드 비밀번호를 여러 번 잘못 누르는 바람에 돈을 못 찾았어요.

	일어난 일	이유
(1)	현금 인출기에서 돈을 못 찾았다	카드 비밀번호를 여러 번 잘못 눌렀다
(2)	아침을 굶었다	의사가 오늘 피 검사를 하라고 했다
(3)	컴퓨터가 바이러스에 걸렸다	
(4)	댄스 동아리 신청을 하지 못했다	
(5)		
(6)		

듣기

1 다음은 사람들이 즐겨 보는 동영상 채널이에요. 어떤 내용의 동영상 채널일까요?

2 다음은 진차오와 안나의 대화예요. 잘 듣고 물음에 답해 보세요. 42

(1) 요즘 인기 있는 동영상 채널로 맞지 않는 것을 골라 보세요.

① 

② 

③ 

(2) 안나가 즐겨 보는 동영상 채널에 대한 내용으로 알맞은 것을 골라 보세요.

① 다양한 음악을 방송해서 음악 공부에 도움이 돼요.
② 한국에서 일상적으로 사용하는 표현을 가르쳐 줘요.
③ 안나가 좋아하는 가수가 진행하는데 매주 영상이 올라와요.

(3) 진차오에 대한 설명으로 알맞은 것을 골라 보세요.

① 컴퓨터 게임을 직접 하면서 스트레스를 해소해요.
② 유학 생활에 도움이 되는 영상을 인터넷에 올려요.
③ 지난주에는 녹음이 안 돼서 영상을 촬영하지 못했어요.

3 여러분이 자주 보는 동영상 채널은 뭐예요? 그 채널을 자주 보는 이유는 뭐예요? 친구와 이야기해 보세요.

2 의심이 가는 뉴스를 본다면 정보 출처를 확인하시기 바랍니다

문법 3

1 다음을 읽고 색칠한 부분이 어떤 의미일지 추측해 보세요.

나는 아주 짧은 시간에 다른 공간으로 갈 수 있는 순간 이동 능력을 갖고 싶다. 만약에 그 능력이 **생긴다면** 여기저기 빠르고 쉽게 이동할 수 있으니까 학교에 오고 가는 시간도 아낄 수 있을 것이다. 그렇게 되면 유학을 할 때도 다른 나라에서 살 필요 없이 집에서 순간 이동을 해서 다닐 수 있어 좋을 것 같다.

2 실현 가능성이 낮은 일을 가정해서 말할 때 어떻게 말해요? 다음 대화를 듣고 따라 해 보세요. 43

A 위칭 씨는 만약 복권에 당첨된**다면** 뭘 하고 싶어요?

B 글쎄요. 당첨금이 많**다면** 반은 은행에 저금하고 반은 부모님께 드릴 거예요. 다샤 씨는요?

A 전 그 돈으로 여행을 떠나겠어요.

A-다면
V-는다면/ㄴ다면

'-(ㄴ/는)다면'은 형용사, 동사, '이다'와 함께 쓰여 어떤 사실이나 상황을 가정해서 말함을 나타낸다. 일어날 가능성이 낮거나 사실이 아닌 것을 가정할 때 자주 사용된다. '이다'는 '(이)라면'으로 쓰인다.

예) 발표를 혼자 준비하기 어렵다면 친구와 같이 해도 돼요.
만약 다시 태어난다면 지금과 다른 성별로 살아 보고 싶어요.
만일 내가 너라면 시험에 한 번 더 도전할 거야.

3 '-(ㄴ/는)다면'을 사용해 친구와 게임을 해 보세요.

게임 방법

1. 두 사람이 가위바위보를 해서 진 사람이 네모 안의 질문을 읽으세요.
2. 이긴 사람은 진 사람의 질문을 듣고 '-(ㄴ/는)다면'을 사용해 대답하세요.
3. 대답을 했으면 다음 칸으로 이동해서 똑같은 방법으로 게임을 하세요. 대답하지 못했으면 그 칸에서 역할을 바꿔 질문하고 대답하세요.
4. 먼저 '도착'에 온 사람이 이겨요.

출발 ⇨ (1) 투명 인간이 되면 뭘 하고 싶어요? ⇨ (2) 아주 유명한 배우면 뭘 하고 싶어요? ⇨ (3) 한 달에 천만 원을 벌면 뭘 하고 싶어요? ⇨ (4) 하루가 30시간이면 하루를 어떻게 보낼 거예요?

⇩

(5) 10년 전으로 돌아가면 제일 먼저 뭘 하고 싶어요? ⇨ (6) 죽지 않고 계속 살 수 있으면 어떻게 살고 싶어요? ⇨ (7) 세계 여러 나라에 친구들이 많으면 어떤 점이 좋을까요? ⇨ (8) 지금의 나 말고 또 다른 내가 존재하면 어떤 점이 좋을까요? ⇨ 도착

A 투명 인간이 되면 뭘 하고 싶어요?
B 제가 만약 투명 인간이 된다면 아무도 모르게 놀이공원에 들어가서 놀이기구를 마음껏 타고 싶어요.

4 다음을 보고 '-(ㄴ/는)다면'을 사용해 서로 묻고 답해 보세요. 그리고 새 대화도 만들어 보세요.

팀 발표 준비 때문에 수업 후에 친구들하고 모여야 하는데 시간을 맞출 수 있을까요?

아마 맞출 수 있을 거예요. 그런데 만약에 못 맞춘다면 저녁에 온라인 영상 회의 프로그램을 이용해 보세요.

(1) 팀 발표 준비 때문에 수업 후에 친구들하고 모여야 하는데 시간을 맞출 수 있을까요?
(2) 청소기가 망가졌는데 서비스 센터에 맡기면 고칠 수 있겠죠?
(3) 내일 친구하고 한강 공원에 가서 놀기로 했는데 날씨가 안 좋으면 어쩌죠?
(4) 내년에 해외여행을 가려고 하는데 지금 비행기표를 예매하면 좀 저렴할까요?

(5)

(6)

듣고 쓰기

1 다음을 보고 뉴스 진행자와 전문가가 무엇에 대해 이야기하고 있는지 말해 보세요.

2 다음은 가짜 뉴스에 대해 전문가와 한 인터뷰예요. 잘 듣고 물음에 답해 보세요. 44

(1) 대화를 잘 들으세요. 들은 내용 중 중요한 것을 메모해 보세요.

(2) 다시 대화를 듣고 물음에 답해 보세요.

1) 가짜 뉴스는 무엇이고 사람들이 가짜 뉴스를 만드는 이유는 뭐예요?

2) 어떻게 하면 가짜 뉴스로 피해를 보는 사람이 급증하지 않을까요?

3) 가짜 뉴스에 대처하는 방법으로 맞지 않는 것은 뭐예요?

①

②

③

(3) 한 번 더 들으세요. 들으면서 잘못 들었거나 새롭게 들은 내용을 (1)에 추가해 써 보세요.

3 3~4명씩 모여서 2 의 내용을 바탕으로 글을 써 보세요.

(1) 2 의 (1)을 서로 비교하면서 같은 것과 다른 것이 무엇인지 확인해 보세요.

(2) 2 의 내용을 '-는 바람에', '-(ㄴ/는)다면'을 사용해 6~7문장의 글로 완성해 보세요.

가짜 뉴스는 사실이 아니지만 실제 뉴스처럼 보이도록 조작한 거짓 정보를 말해요. ____________

(3) (2)의 내용과 표현이 맞는지 169~170쪽의 듣기 지문과 비교해 보세요.

읽고 말하기

1 다음은 사람들이 스마트폰을 사용하는 모습이에요. 무슨 문제가 있는지 다음을 보고 말해 보세요.

2 다음은 스마트폰으로 영상 시청하는 시간을 줄이는 방법에 대해 쓴 글이에요. 글을 읽고 다음에 메모해 보세요.

나는 스트레스가 쌓이면 주로 인터넷에 올라와 있는 재미있고 짧은 영상을 보면서 기분 전환을 했다. 처음에는 영상을 숙제나 공부 하는 중간에 잠깐 봤는데 점점 시청 시간이 길어졌다. 심지어 길을 걸으면서도 스마트폰에서 눈을 떼지 못하게 되었다. 시도 때도 없이 스마트폰을 들여다보는 바람에 공부할 때도 방해를 받았고 수업에도 집중할 수 없었다. 나중에는 영상을 보지 않으면 이유 없이 불안한 마음까지 들었다. 그러다 이 상태가 더 심해진다면 해야 할 일을 제대로 못 하게 될 것 같다는 생각이 들었다.

그래서 나는 영상 시청 시간을 줄이기로 했다. 먼저 영상은 한 번에 다섯 개 이상 보지 않기로 규칙을 정했다. 그리고 숙제나 공부 할 때는 스마트폰을 꺼 놓았다. 길을 걸을 때는 스마트폰을 가방 안에 넣고 다녔다. 마지막으로 그림 그리는 취미 활동을 시작했다. 손을 움직이는 활동을 하니까 자연스럽게 영상을 보는 시간이 줄었다. 처음에는 이렇게 하는 것이 불편했지만 꾸준히 실천한 결과, 공부에 집중할 수 있었고 마음의 여유도 생겼다. 나는 이렇게 작은 실천으로 스마트폰으로 영상 시청하는 시간을 줄일 수 있었다.

영상 시청 때문에 생긴 문제	→	영상 시청 시간을 줄이는 방법	→	영상 시청 시간을 줄인 후의 효과

3 다음은 스마트폰 사용으로 생길 수 있는 문제예요. 다음 중 하나를 골라 메모하면서 이야기를 만들어 보세요.

게임 중독

소셜 미디어 중독

________ 때문에 생긴 문제	________ 을/를 줄이는 방법	________ 을/를 줄인 후의 효과

4 2명씩 모이세요. 3의 메모를 보고 다음과 같이 말해 보세요. 그리고 다른 친구의 질문에 답해 보세요.

A 저는 스트레스가 쌓이면 인터넷에 올라와 있는 짧은 영상을 보면서 기분 전환을 했어요. 그런데 점점 영상 시청 시간이 길어졌고 이런 상태가 더 심해진다면 해야 할 일을 제대로 못 하게 될 것 같다는 생각이 들었어요. …… 저는 이렇게 작은 실천으로 스마트폰으로 영상 시청하는 시간을 줄일 수 있었어요.

B 잘 들었어요. 그런 일이 있었군요. 그런데 스마트폰 사용을 줄이기로 결심한 후에 제일 불편한 점은 뭐였어요?

5 각 팀에서 제일 흥미 있는 이야기를 골라 발표해 보세요.

+ 더 알아보기

V-은 결과/ㄴ 결과

'-(으)ㄴ 결과'는 동사와 함께 쓰여 어떤 일을 한 후에 생긴 결말을 나타낸다.

예) 자동차 점검을 받은 결과 브레이크에 문제가 있다는 것을 알게 됐어요.
우리 학교 학생들을 대상으로 학생 식당의 만족도를 조사한 결과 가격과 맛에서 만족도가 높은 것으로 나타났습니다.
매일 30분 이상 꾸준히 걸은 결과 몸이 많이 가벼워졌어요.

3 그건 거의 안 쓰다시피 했어요

어휘와 표현 2

1 다음은 인터넷 중고 거래에 대한 표현이에요. 소리 내 읽어 보세요. 그리고 의미를 알아보세요.

(1)

싫증이 나요

(2)

흠이 있어요

(3)

싸게 내놓아요

(4)

사용 후기를 봐요

(5)

중고 거래를 해요

(6)

공짜나 다름없어요

(7)

새것같이 멀쩡해요

(8)
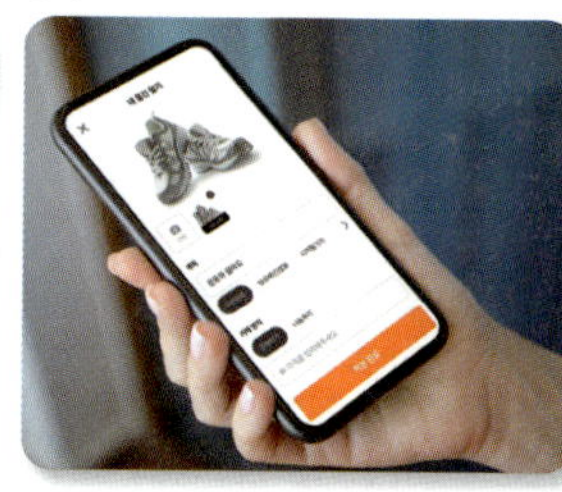
팔 물건을 등록해요

2 다음을 읽고 밑줄 친 것과 비슷한 의미를 (　　　)에서 골라 보세요.

(1) 똑같이 반복되는 회사 생활에 싫증이 나고 (지겨워요, 보람을 느껴요).

(2) 중고 휴대 전화를 샀는데 뒤에 (뭔가에 찍힌, 다른 걸 붙인) 흠이 있었어요.

(3) 이번 한 달간 학생 식당의 점심 메뉴가 (무료라니, 천 원이라니) 공짜나 다름없네요.

(4) 중고 거래로 선풍기를 샀는데 새것같이 멀쩡해서 (새로 산 것 같아요, 헌 제품과 다름없어요).

(5) 급하게 부산으로 이사하게 돼서 살던 집을 부동산에 (저렴하게 팔아 달라고, 가능하면 빨리 사겠다고) 싸게 내놓았어요.

3 **1**의 표현을 사용해 친구와 이야기해 보세요.

(1) 중고 거래를 한다면 어떤 물건을 사거나 팔고 싶어요? 왜 그걸 사거나 팔고 싶어요?

(2) 여러분 나라에서는 중고 거래를 많이 하는 편이에요? 보통 어떻게 중고 거래를 해요?

문법 4

1 다음 대화를 듣고 질문에 알맞은 답을 골라 보세요. 45

(1) 진차오는 요즘 식사를 어떻게 해요?

① 매일 인스턴트 음식만 먹어요.
② 거의 매일 인스턴트 음식을 먹어요.

(2) 올리버는 눈이 왜 빨개요?

① 어제 잠을 전혀 못 잤어요.
② 어제 잠을 거의 못 잤어요.

2 앞의 행동에 가깝게 함을 말할 때 어떻게 말해요? 다음 대화를 듣고 따라 해 보세요. 46

A 상우 씨는 어렸을 때도 성실했을 것 같은데 어떤 학생이었어요?
B 저는 공부보다 노는 걸 좋아했어요. 그래서 친구들하고 게임을 하느라 주말마다 피시방에서 살다시피 했어요.

A 마테오 씨, 어제 북한산에 다녀왔다면서요? 등산은 어땠어요?
B 말도 마세요. 눈 때문에 미끄러워서 거의 기다시피 해서 올라갔어요.

V-다시피 하다

'-다시피 하다'는 동사와 함께 쓰여 실제로 앞의 행동을 하는 것은 아니지만 그 행동에 가깝게 함을 나타낸다. 이때 '하다' 없이 사용되기도 한다. '알다, 보다' 등은 '알다시피, 보다시피' 등으로 쓰이는데 이때는 듣는 사람이 이미 알고 있는 것과 같음을 나타낸다.

예) 반지가 없어져서 하루 종일 찾다시피 했는데 아무리 찾아도 없었어요.
요즘 일 때문에 퇴근을 늦게 하다 보니까 집에서는 잠만 자다시피 해요.
약속에 늦어서 나는 거의 뛰다시피 급히 걸어갔다.
자료에서 보시다시피 이 제품은 우리 회사에서 제일 잘 나가는 겁니다.

3 다음을 보고 알맞은 것을 찾아 연결하고 '-다시피 하다'를 사용해 말해 보세요.

	이유	행동
요즘 어떻게 지내요?	(1) 소화가 잘 안 되다	죽만 먹다
	(2) 아르바이트하느라 피곤하다	요즘 매일 야근하다
	(3) 다음 주까지 보고서를 제출해야 되다	저녁에는 계속 침대에 누워 있다
요즘 한국어를 어떻게 공부해요?	(4) 듣기를 잘하고 싶다	한국 뉴스를 거의 매일 듣다
	(5) 친한 한국 친구가 있다	요즘 문법 책에 나온 문장을 다 외우다
	(6) 문법을 정확하게 사용하고 싶다	학교에서 배운 것을 그 친구랑 매일 복습하다

A 요즘 어떻게 지내요?

B 소화가 잘 안 돼서 죽만 먹다시피 해요.

4 다음을 보고 '-다시피 하다'를 사용해 서로 묻고 답해 보세요. 그리고 새 대화도 만들어 보세요.

요즘은 이곳을 찾는 관광객이 많아졌죠?

네. 예전에는 산불로 관광객이 거의 끊기다시피 했었는데 요즘은 많아졌어요.

	최근 상황	예전 상황
(1)	이곳을 찾는 관광객이 많아졌다	산불로 관광객이 거의 끊겼다
(2)	아파트 거래가 늘고 있다	부동산 경기가 안 좋아서 아파트가 거의 안 팔렸다
(3)	종이책을 읽는 사람들이 줄고 있다	
(4)	결혼을 꼭 해야 한다고 생각하는 사람이 줄었다	
(5)		
(6)		

말하기

인터넷 중고 거래에 대해 이야기하려고 해요. 중고 거래로 물건을 파는 이유와 물건의 상태에 따른 가격을 말하는 역할극을 해 보세요.

1 다음은 역할극의 상황이에요. 다음을 보고 어떤 상황인지 친구와 이야기해 보세요.

안나는 친구한테서 새 전자레인지를 선물 받았어요. 지금 쓰고 있는 전자레인지도 멀쩡해서 쓰던 것을 중고로 팔려고 해요. 그런데 중고 물건을 거래하는 방법을 몰라서 진영에게 물어봐요. 진영은 안나에게 중고 거래 방법을 알려 주고 물건을 파는 이유를 물어봐요. 두 사람은 물건의 상태에 따른 가격에 대해 말해요.

(1) 여러분은 중고 거래로 물건을 파는 이유를 말할 때와 물건 상태에 따른 적당한 가격을 물을 때 어떻게 말해요? 이때 사용하는 표현을 써 보세요. 그리고 진영과 안나가 되어 역할극을 해 보세요.

기능	표현
중고 거래로 물건을 파는 이유 말하기	
물건 상태에 따른 적당한 가격 묻기	

① 안나에게 중고 거래로 물건을 파는 이유를 물어보세요.

진영

① 진영에게 물건을 파는 이유를 말하세요.

② 진영에게 물건 상태에 따른 적당한 가격을 물어보세요.

안나

② 안나에게 물건의 가격에 대해 말하세요.

(2) (1)에서 만든 대화에 대해 말해 보세요.

여러분은 중고 거래로 물건을 파는 이유를 어떻게 말했어요?

물건 상태에 따른 적당한 가격을 어떻게 물었어요?

2 중고 거래로 물건을 파는 이유를 말할 때와 물건 상태에 따른 적당한 가격을 물을 때 어떻게 말하는지 알아 보세요.

(1) 중고 거래로 물건을 파는 이유를 말할 때 어떻게 표현할까요?

중고 거래로 물건을 파는 이유 말하기

A 전자레인지를 왜 팔려고 하는데요?

B
- 새 전자레인지가 생겼는데 지금 쓰고 있는 게 아직 괜찮아서요.
- 새 전자레인지를 받았는데 제가 쓰던 게 흠도 없고 깨끗해서요.
- 새 전자레인지를 선물 받았는데 그동안 제가 쓰던 게 멀쩡해서요.

(2) 물건 상태에 따른 적당한 가격을 물을 때 어떻게 표현할까요?

물건 상태에 따른 적당한 가격 묻기

A
- 한 달 전에 사서 거의 새것 같은데 얼마에 팔면 좋을까요?
- 산 지 한 달밖에 안 돼서 거의 안 쓰다시피 했는데 얼마쯤 받으면 좋을까요?
- 한 달 전에 샀는데 몇 번 안 썼어요. 거의 새건데 얼마 정도에 내놓으면 될까요?

B 글쎄요. 그래도 중고품이니까 싸게 내놓는 게 좋을 거예요.

3 다음 대화를 들은 후 읽어 보세요. 그리고 대화 내용과 순서를 알아보세요.

47

중고 거래로 물건을 파는 이유 말하기	안나	진영 씨, 인터넷으로 중고 거래 할 줄 알죠? 전자레인지를 팔까 해서요.
	진영	전자레인지를 왜 팔려고 하는데요?
	안나	친구한테 새 전자레인지를 선물 받았는데 그동안 제가 쓰던 게 멀쩡해서요.
인터넷으로 중고 거래 하는 방법 말하기	진영	그렇군요. 안나 씨, 그럼 먼저 중고 거래 앱을 다운로드하고 거기에 팔 물건을 등록하세요.
	안나	등록할 때 사진이랑 물건 정보를 올리면 돼요?
	진영	네. 구입 날짜하고 사용 기간, 판매 이유를 자세히 쓸수록 잘 팔려요. 사진도 여러 방향에서 찍어서 올리는 게 좋고요.
물건 상태에 따른 적당한 가격 묻고 답하기	안나	네. 그런데 산 지 한 달밖에 안 돼서 거의 안 쓰다시피 했는데 얼마쯤 받으면 좋을까요?
	진영	글쎄요. 그래도 중고품이니까 싸게 내놓는 게 좋을 거예요.
	안나	알겠어요. 그렇게 할게요.
추가로 조언하기	진영	만약 일주일이 지나도 안 팔린다면 가격을 더 내려 보세요.

4 다음 대화 상황과 역할을 읽고 2와 3에서 배운 것을 활용해 사람 1과 사람 2가 되어 역할극을 해 보세요.

사람 1

중고 거래로 팔고 싶은 물건이 있어요. 사람 2에게 중고 거래 방법을 물어보고 물건을 파는 이유를 말하세요. 그리고 물건 상태에 따른 적당한 가격도 물어보세요.

사람 2

중고 거래 방법에 대해 물어보는 사람 1에게 중고 거래 방법을 설명하세요. 그리고 사람 1에게 물건을 파는 이유를 물어보고 팔려는 물건의 가격에 대해 조언하세요.

5 친구와 같이 만든 역할극을 발표해 보세요.

읽고 쓰기

1 다음은 중고 거래 사이트에 올린 중고 스마트워치(smartwatch)를 판매하는 광고의 글이에요. 사실과 의견을 구분하면서 글을 읽어 보세요.

스마트워치 EW워치12 팝니다

서대문구 이화여대길 30 · 21시간 전

[1] 거의 안 쓰다시피 한 이화전자 EW워치12를 저렴하게 판매합니다. 아버지께 드리려고 3개월 전에 백화점에서 구입했는데 아버지께서 열 번 정도밖에 안 쓰셨습니다.

싫증이 나지 않는 전통적인 시계 디자인이라 사용하기 무난할 겁니다. 다른 스마트워치는 차 보니까 무겁게 느껴지던데 이건 15g으로 가벼워서 하루 종일 차고 있어도 전혀 불편하지 않습니다. 깨끗하게 써서 상태는 새것같이 멀쩡합니다. 다만 시계 뒷면에 3mm 정도의 흠이 있어서 10만 원에 내놓았습니다. 배터리 성능은 100%입니다. 사용 안 한 손목 줄과 충전 케이블도 드립니다.

택배나 직접 만나서 하는 직거래 모두 좋습니다. 가격 말고 다른 궁금한 점이 있으시다면 언제든지 연락하셔도 됩니다.

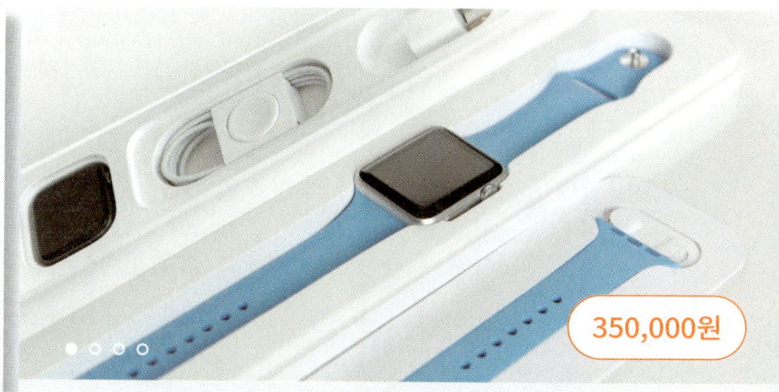

스타워치15(새 상품)

서대문구 신촌로 150 · 1일 전

[2] 선물 받은 스타워치15를 팝니다. 40mm 모델이고 하늘색입니다. 물건을 확인하고 사진을 찍기 위해 상자를 딱 한 번 열었을 뿐, 그 외에는 상자를 연 적도, 사용한 적도 없습니다.

저는 지금 스타워치14를 사용하고 있는데 매우 만족합니다. 하루에 한 번 이상 충전하는 것만 조금 귀찮았는데 스타워치15는 충전 시간이 훨씬 짧아졌고 한 번 충전하면 72시간 사용할 수 있다고 하니까 더 만족스러울 겁니다.

사진에서 보시다시피 구성품은 시계, 충전 케이블, 손목 줄이 원래대로 모두 있습니다. 새 상품이라서 가격은 깎아 드리기 어렵습니다. 중고 거래라서 환불이나 교환은 불가능하니 구매는 신중하게 결정하시기 바랍니다. 직접 만나서 거래하실 분만 연락해 주세요. 거래 희망 장소는 이대역입니다.

2 위의 글을 다시 읽으세요. 읽은 후에 [1]의 밑줄 친 부분에서 사실과 의견을 구분해 써 보세요.

사실	의견

3 다음 물음에 답해 보세요.

(1) [1]의 물건 가격을 10만 원에 판매하는 이유가 뭐예요? 써 보세요.

____

(2) [2]의 물건에 대한 설명으로 알맞은 것을 골라 보세요.

① 선물 받은 물건인데 상자를 개봉한 적이 없다.
② 구입 이후에 거의 사용하지 않다시피 한 물건이다.
③ 시계와 함께 들어 있던 구성품을 모두 같이 판매한다.

(3) [2]를 읽고 알 수 없는 것을 골라 보세요.

① 거래 방식　　② 거래 희망 장소　　③ 물건 구입 시기

(4) [1]과 [2] 두 물건의 공통점으로 알맞은 것을 골라 보세요.

① 가격에 대해 의논할 수 없다.
② 문의, 교환, 환불이 불가능하다.
③ 어디에서 구입했는지 알 수 있다.

4 중고 거래 사이트에 중고품을 판매하는 광고의 글을 쓰려고 해요.

(1) 여러분의 생각을 써 보세요.

팔 물건의 제품명은 무엇이고 판매 가격은 어떻게 됩니까?	
그 물건의 상태와 특징은 어떻습니까? 다른 물건과 비교하면 어떤 점이 좋습니까?	
어떻게 거래하고 싶습니까?	

(2) (1)을 바탕으로 중고품을 판매하는 광고의 글을 써 보세요.

어휘와 표현 확인

의미를 아는 어휘나 표현에 ✓표 해 보세요.

1 영상이 안 올라왔던데 무슨 일이 있었어요?

- ☐ 파일을 다운로드하다
- ☐ 게시물을 올리다
- ☐ 인터넷에 접속하다
- ☐ 정보를 공유하다
- ☐ 와이파이(Wi-Fi)가 잡히다
- ☐ 정보 출처를 확인하다
- ☐ 효율적
- ☐ 조퇴
- ☐ 부러지다
- ☐ 피 검사
- ☐ 채널
- ☐ 일상적
- ☐ 녹음
- ☐ 장르
- ☐ 편집하다

2 의심이 가는 뉴스를 본다면 정보 출처를 확인하시기 바랍니다

- ☐ 만약
- ☐ 당첨되다
- ☐ 투명 인간
- ☐ 가짜 뉴스
- ☐ 피해를 보다
- ☐ 급증하다
- ☐ 대처하다
- ☐ 작성자
- ☐ 조작하다
- ☐ 사망하다
- ☐ 정확하다
- ☐ 이익
- ☐ 도박
- ☐ 퍼지다
- ☐ 치료법
- ☐ 악화되다
- ☐ 심각하다
- ☐ 발생하다
- ☐ 정부
- ☐ 법
- ☐ 매체
- ☐ 시청
- ☐ 심지어
- ☐ 떼다
- ☐ 시도 때도 없이
- ☐ 들여다보다
- ☐ 불안하다
- ☐ 실천하다
- ☐ 중독

3 그건 거의 안 쓰다시피 했어요

- ☐ 싫증이 나다
- ☐ 흠이 있다
- ☐ 싸게 내놓다
- ☐ 사용 후기를 보다
- ☐ 중고 거래를 하다
- ☐ 공짜나 다름없다
- ☐ 새것같이 멀쩡하다
- ☐ 팔 물건을 등록하다
- ☐ 지겹다
- ☐ 찍히다
- ☐ 헌
- ☐ 밤을 새우다
- ☐ 기다
- ☐ 관광객
- ☐ 산불
- ☐ 경기
- ☐ 중고품
- ☐ 스마트워치(smartwatch)
- ☐ 전통적
- ☐ 무난하다
- ☐ 다만
- ☐ 뒷면
- ☐ 손목 줄
- ☐ 충전 케이블
- ☐ 택배
- ☐ 직거래
- ☐ 구성품
- ☐ 시기

5 단원 명절과 축제

소단원 1
- 축제에 대한 어휘와 표현 익히기
- A/V-(으)므로
  A/V-더라도
- 학교 축제 행사에 대한 안내 방송 듣기

소단원 2
- A/V-기는커녕
- 지역 축제에 대한 뉴스 인터뷰 듣고 쓰기
- 축제 기획에 대해 읽고 말하기

소단원 3
- 명절에 대한 어휘와 표현 익히기
- A/V-기도 하다
- 두 나라의 새해 풍습 비교하기
- 두 나라의 명절에 대한 비교의 글 읽고 쓰기

A

B

C

다음 대화를 듣고 A, B, C 중에서 알맞은 사진을 찾아 써 보세요.

1. (　　　　　)
2. (　　　　　)
3. (　　　　　)

48

1 비가 오더라도 행사는 진행될 예정이에요

어휘와 표현 1

1 다음은 축제에 대한 표현이에요. 소리 내 읽어 보세요. 그리고 의미를 알아보세요.

2 다음을 읽고 밑줄 친 표현과 비슷한 의미를 (　　　)에서 골라 보세요.

(1) 나는 어제 마트에 먹을거리를 구입하러 가서 (고기와 채소를 샀어요, 컵과 접시를 구경했어요).

(2) 사람들이 산 정상에서 (하늘을 보면서, 사진을 찍으면서) 아름다운 풍경을 카메라에 담았어요.

(3) 축제에 갔는데 사람도 많고 음악도 나오니까 축제 분위기가 나서 (축제가 무사히 끝났어요, 축제에 온 느낌이 들었어요).

(4) 놀이공원이 야간 개장을 앞두고 있다고 들어서 확인했더니 (오늘부터 교통편을 예약한대요, 다음 주 토요일부터 저녁에도 문을 연대요).

(5) 도서관에 어린이들을 위해 책 읽는 공간을 (따로 만들었으니, 특별히 그렸으니) 아이들과 같이 온 분은 별도로 마련되어 있는 공간을 이용하면 편하실 겁니다.

3 **1**의 표현을 사용해 친구와 이야기해 보세요.

(1) 여러분은 무슨 축제에 가 봤어요? 그 축제에서 가장 인상적이었던 것은 뭐였어요?

(2) 여러분 나라에는 무슨 축제가 있어요? 그 축제는 뭐가 유명해요?

문법 1

1 다음을 읽어 보세요. 이유나 근거를 나타내는 표현을 찾아 모두 밑줄을 그어 보세요. 그리고 사진에 맞는 표현도 찾아보세요.

등산할 때 꼭 지켜 주세요!

- 비나 눈이 오면 등산로가 미끄러우므로 등산화를 꼭 신어야 됩니다.
- 작은 실수로 산불이 발생할 수 있기 때문에 불을 절대 사용하면 안 됩니다.
- 등산로가 아닌 곳은 길이 험해서 사고 위험이 있습니다. 등산로를 이용하기 바랍니다.
- 밤에 야생동물이 자주 나타나므로 어두워지기 전에 산에서 내려오기 바랍니다.

2 어떤 일의 이유나 근거를 말할 때 어떻게 말해요? 다음을 듣고 따라 해 보세요. 49

A 승객 여러분, 우리 비행기는 곧 인천국제공항에 착륙할 예정입니다. 모두 좌석 벨트를 매 주십시오. 착륙 후 비행기가 갑자기 멈출 경우, 위험하므로 좌석 벨트 표시등이 꺼질 때까지 풀지 마시기 바랍니다. 그리고 지금 밖에 눈이 내리므로 입국장으로 가는 버스로 이동하실 때 조심하시기 바랍니다.

A/V-으므로/므로

'-(으)므로'는 형용사, 동사, '이다'와 함께 쓰여 앞의 내용이 뒤에 오는 내용의 이유나 근거임을 나타낸다.

예) 기름진 음식은 건강에 해로우므로 많이 먹어서는 안 됩니다.
편의점은 24시간 문을 열므로 편하게 이용하십시오.
우수한 성적을 거두었으므로 이 상을 드립니다.

3 다음 장소에서 어떻게 안내 방송을 하면 좋을까요? 다음을 보고 알맞은 것을 찾아 연결하고 '-(으)므로'를 사용해 말해 보세요.

장소	이유	요청
(1) 공연장	공연 중 휴대 전화 소리가 방해가 되다 • ———	• 전화를 꺼 주시다
(2) 아파트	엘리베이터가 고장 났다 •	• 목줄을 꼭 매 주시다
(3) 수영장	수영장 바닥이 미끄럽다 •	• 뒤로 조금 물러나시다
(4) 기차역	곧 기차가 들어올 예정이다 •	• 수영장에서 뛰지 마시다
(5) 놀이공원	오늘 이용객이 많아 복잡하다 •	• 놀이기구를 이용할 때 참고하시다
(6) 쇼핑몰	목줄을 한 강아지만 들어올 수 있다 •	• 수리가 끝날 때까지 계단을 이용해 주시다

공연 중 휴대 전화 소리가 방해가 되므로 전화를 꺼 주시기 바랍니다.

4 다음을 보고 '-(으)므로'를 사용해 서로 묻고 답해 보세요. 그리고 새 대화도 만들어 보세요.

학생 여러분, 더 좋은 학교로 만들려면 무엇이 바뀌어야 한다고 생각하십니까?

아침을 파는 곳이 거의 없으므로 학생 식당 문을 아침 일찍 열어야 한다고 생각합니다.

	이유	의견
(1)	아침을 파는 곳이 거의 없다	학생 식당 문을 아침 일찍 열다
(2)	도서관은 공부하는 공간이다	도서관에서 떠들지 못하게 하다
(3)		학생들이 쉴 수 있는 휴게실을 넓히다
(4)		학교 근처에서 담배를 피우지 못하게 하다
(5)		
(6)		

문법 2

1 다음 대화를 듣고 질문에 알맞은 답을 골라 보세요. 50

(1) 위칭은 어떻게 하라고 말했어요?

① 바쁘면 모임에 안 와도 된다고 했어요.

② 바빠도 모임에 오는 게 좋겠다고 했어요.

(2) 유나는 집에서 혼자 식사할 때 어떻게 먹어요?

① 혼자 먹어서 제대로 차려 먹지 않아요.

② 혼자 먹지만 대충 먹지 않고 잘 차려 먹어요.

2 가정하거나 인정한 일이 기대와 다를 때 어떻게 말해요? 다음 대화를 듣고 따라 해 보세요. 51

A 유나 씨, 방송사의 아나운서 시험 준비를 한다면서요? 거기 들어가기가 아주 힘들대요.

B 저도 들었어요. 그런데 힘들**더라도** 꼭 도전해 보고 싶어요. 어렸을 때부터 꿈이었거든요.

A 이 휴대 전화 보험에 가입하면 어떤 점이 좋아요?

B 휴대 전화를 잃어버리**더라도** 똑같은 전화기로 바꿔 드려요.

A/V-더라도

'-더라도'는 형용사, 동사, '이다'와 함께 쓰여 앞의 내용을 가정하거나 인정해도 뒤의 내용이 그 기대에 어긋남을 나타낸다.

예) 호텔이 여기서 가깝더라도 짐이 많으니까 택시를 타는 게 좋겠어요.
그 사람이 나한테 한 말이 거짓말이더라도 나는 그 사람 말을 믿고 싶어요.
그날 졸업식에 갔더라도 민호를 찾기 힘들었을 거예요.

3 다음 상황에 알맞은 그림은 무엇이에요? '-더라도'를 사용해 말해 보세요.

상황

(1) 요즘 창문을 잘 안 열게 되다

(2) 엘렌이 자꾸 돈을 빌려 달라고 하다

(3) 배우가 되고 싶은데 부모님이 반대하시다

(4) 한식 요리사 자격증에 도전하는 게 망설여지다

(5) 에어컨을 고쳐야 하는데 수리 비용이 너무 비싸다

(6) 친구가 어제 한국에 와서 월요일에는 학교에 못 올 것 같다

조언

자주 환기하다

결석하지 말다

수리를 꼭 하다

한번 시작해 보다

자격증에 도전해 보다

친구랑 돈 거래하지 말다

A 요즘 창문을 잘 안 열게 돼요.

B 날씨가 춥더라도 자주 환기하세요.

4 다음을 보고 '-더라도'를 사용해 서로 묻고 답해 보세요. 그리고 새 대화도 만들어 보세요.

결혼을 앞둔 친구에게 어떤 말을 해 주면 좋을까요?

힘들고 어려운 일이 생기더라도 서로 의지하면서 살라고 말해 주세요.

(1) 결혼을 앞둔 친구에게 어떤 말을 해 주면 좋을까요?

(2) 승진 결과를 기다리는 동료에게 어떻게 말해 주면 좋을까요?

(3) 일할 때 항상 실수하는 동료에게 어떤 조언을 해 주면 좋을까요?

(4) 4급을 마치고 귀국하는 친구에게 어떻게 말해 주면 좋을까요?

(5)

(6)

듣기

1 다음은 학교 축제 장면이에요. 축제에서 어떤 행사를 하고 있어요?

2 다음은 학교 축제의 행사를 알려 주는 교내 방송이에요. 잘 듣고 물음에 답해 보세요. 52

(1) '유학생의 밤' 행사에 대한 내용으로 알맞은 것을 골라 보세요.

① 식사도 준비되어 있고 행사를 축하하는 공연도 있어요.
② 졸업한 선배들과 같이 퀴즈를 풀 수 있는 시간도 있어요.
③ 참가하려면 유학생회에 직접 가서 입장권을 받아 가면 돼요.

(2) '유학생의 밤' 행사의 안내 방송을 가장 정확하게 이해한 사람을 골라 보세요.

①

②

③

(3) 뮤지컬 공연에 대한 내용으로 맞지 <u>않는</u> 것을 골라 보세요.

① 작년에 한 공연을 새롭게 만들어서 올해에도 공연해요.
② 공연은 5월 한 달 동안 일주일에 2회씩 할 예정이에요.
③ 뮤지컬 공연 표는 오후 5시까지 동아리방에서 팔아요.

3 지금까지 학교에서 한 행사 중에서 기억에 남는 행사는 뭐예요? 왜 기억에 남아요? 친구와 이야기 해 보세요.

2 축제 준비가 잘되기는커녕 장소도 아직 못 정했어요

문법 3

1 진영과 동생은 집안일을 어떻게 하고 있어요? 다음 대화를 듣고 알맞은 것을 골라 보세요. 53

(1)

(2)

2 어떤 사실을 부정하는 것을 강조해서 말할 때 어떻게 말해요? 다음 대화를 듣고 따라 해 보세요. 54

A 올리버 씨, 다음 주부터 휴가가 시작되니까 기분이 좋죠?

B 그래야 하는데 좋기는커녕 밀린 일을 다 마쳐야 돼서 너무 힘들어요.

A 혼자 산 지 오래됐으니까 음식은 다 잘 만드시겠네요.

B 아니에요. 음식을 잘 만들기는커녕 라면도 잘 못 끓여요.

A/V-기는커녕

'-기는커녕'은 형용사, 동사, '이다'와 함께 쓰여 앞의 내용과 뒤의 내용을 비교하며 앞의 내용은 말할 것도 없이 그보다 못한 것까지도 부정할 때 사용된다. 명사나 부사는 '은/는커녕'의 형태로 쓰인다.

예) 위칭과 친하기는커녕 위칭을 만난 적도 몇 번 없어요.
동생은 이번 명절에 집에 오기는커녕 전화 한 통 없었어요.
그 사람은 실력 좋은 의사이기는커녕 의대 근처에도 안 가 본 사람이었어요.
다리가 아파서 빨리는커녕 천천히도 걷기 힘들어요.

3 '-기는커녕'을 사용해 친구와 게임을 해 보세요.

게임 방법

1. 두 사람이 가위바위보를 해서 진 사람이 네모 안의 질문을 읽으세요.
2. 이긴 사람은 진 사람의 질문을 듣고 '-기는커녕'을 사용해 이유와 함께 대답하세요.
3. 대답을 했으면 다음 칸으로 이동해서 똑같은 방법으로 게임을 하세요. 대답하지 못했으면 그 칸에서 역할을 바꿔 질문하고 대답하세요.
4. 먼저 '도착'에 온 사람이 이겨요.

출발 ⇨ (1) 축제 준비는 잘돼 가죠? ⇨ (2) 쇼타 씨 동생도 스키를 잘 타요? ⇨ (3) 어제 들은 강의가 재미있었어요? ⇨ (4) 지난번에 본 단어 퀴즈는 쉬웠죠?

⇩

(5) 그 사람은 일하는 속도가 빠른 편이죠? ⇦ (6) 오랫동안 아르바이트했는데 돈은 많이 모았어요? ⇦ (7) 새로 들어간 회사는 출퇴근 시간이 자유롭죠? ⇦ (8) 다니엘이 고향에 간 후에도 연락한다고 했는데 가끔 전화 오죠? ⇦ 도착

A 축제 준비는 잘돼 가죠?

B 준비가 잘돼 가기는커녕 아직 장소도 안 정해져서 걱정이에요.

4 다음을 보고 '-기는커녕'을 사용해 서로 묻고 답해 보세요. 그리고 새 대화도 만들어 보세요.

가족들하고 일본 여행은 잘 다녀왔어요?

아니요. 아이가 팔을 다쳐서 일본에 가기는커녕 병원에만 왔다 갔다 했어요.

	상황	원인	결과
(1)	가족들하고 일본 여행은 잘 다녀왔다	아이가 팔을 다쳤다	일본에 가지 못하고 병원에만 왔다 갔다 했다
(2)	새 휴대 전화를 써 보니까 편하다	아직 어떻게 쓰는지 잘 모르다	편하지 않고 오히려 쓰기 힘들다
(3)	주말에 야구장에 사람이 많았다	비가 많이 오다	
(4)	어제 생일인데 친구들하고 생일 파티를 즐겁게 했다	친구들이 내 생일을 잊어버렸다	
(5)			
(6)			

듣고 쓰기

1 다음을 보고 뉴스 진행자와 시장이 무엇에 대해 이야기하고 있는지 말해 보세요.

2 다음은 봄꽃 축제에 대해 시장과 한 뉴스 인터뷰예요. 잘 듣고 물음에 답해 보세요. 55

(1) 대화를 잘 들으세요. 들은 내용 중 중요한 것을 메모해 보세요.

(2) 다시 대화를 듣고 물음에 답해 보세요.

1) 축제 기간은 언제부터 언제까지예요?

2) 이 축제가 인기를 끈 이유로 맞지 않는 것을 골라 보세요.

① 

② 

③ 

3) 축제 기간 동안 태풍이 온다고 했는데 날씨는 어땠어요?

(3) 한 번 더 들으세요. 들으면서 잘못 들었거나 새롭게 들은 내용을 (1)에 추가해 써 보세요.

3 3~4명씩 모여서 **2**의 내용을 바탕으로 글을 써 보세요.

(1) **2**의 (1)을 서로 비교하면서 같은 것과 다른 것이 무엇인지 확인해 보세요.

(2) **2**의 내용을 '-더라도'와 '-기는커녕'을 사용해 6~7문장의 글로 완성해 보세요.

4월부터 열린 인천 봄꽃 축제에 대해 이야기하고 있어요.

(3) (2)의 내용과 표현이 맞는지 173쪽의 듣기 지문과 비교해 보세요.

읽고 말하기

1 다음은 외국인이 참여하는 축제예요. 이 축제에 어떤 행사가 있는지 말해 보세요.

2 다음은 외국인 음식 문화 축제에 대해 쓴 글이에요. 글을 읽고 다음에 메모해 보세요.

제3회 서울 외국인 음식 문화 축제가 9월 10일(일) 오전 11시부터 오후 5시까지 광화문광장에서 열렸다. 미국, 일본, 중국 등 여러 나라 외국인들이 이 축제에 참여해 세계 각국의 다양한 음식과 문화를 소개했다. 그리고 외국인들은 각자 준비해 온 음식을 저렴한 가격에 판매했는데 특히 프랑스의 라타투이(Ratatouille), 인도의 카레, 중국의 만두가 인기를 끌었다. 또한 이번 축제에는 세계 여러 나라의 전통 악기 공연과 함께 악기 연주를 직접 배워 보는 체험 활동도 마련되어 있어서 사람들의 시선을 모았다. 이날 축제에 참여한 외국인들은 한국어를 잘 못해 축제를 즐기기는커녕 음식을 사고팔지도 못할 것 같아서 걱정했었다고 한다. 그런데 외국어 통역 서비스가 있어 축제도 즐기고 자기 나라 음식도 알릴 수 있어 좋았다고 입을 모았다.

축제의 일시, 장소는 어떻게 돼요?	
어떤 프로그램이 있었어요?	
예상되는 문제점은 무엇이었고 그 문제점을 해결하기 위해 어떤 서비스를 제공했어요?	

3 여러분이 축제를 기획하려고 해요. 축제에서 어떤 프로그램을 만들고 싶어요? 하고 싶은 프로그램에 대해 다음에 메모하면서 이야기를 만들어 보세요.

축제 이름과 일시, 장소는 어떻게 돼요?

어떤 프로그램이 있어요?

예상되는 문제점은 무엇이고 그 문제점을 해결하기 위해 어떤 서비스를 제공할 거예요?

4 3~4명씩 모이세요. **3**의 메모를 보고 다음과 같이 말해 보세요. 그리고 다른 친구들의 질문에 답해 보세요.

A 저는 외국인 음식 문화 축제를 해 보려고 해요. 이 축제에서는 외국인들이 자기 나라의 음식을 만들어 판매할 거예요. …… 한국어를 잘 못하는 경우, 축제를 즐기기는커녕 음식을 사고팔지 못할 수 있어요. 그래서 외국어 통역 서비스도 제공할 거예요.

B 잘 들었어요. 외국어 통역 서비스까지 제공하다니 아이디어가 정말 좋네요. 그런데 이 축제에 참여하고 싶은 사람은 어떻게 신청하게 할 거예요?

5 각 팀에서 제일 흥미 있는 이야기를 골라 발표해 보세요.

3 성묘도 다녀오고 명절 음식을 먹기도 하면서 보내요

어휘와 표현 2

1 다음은 명절에 대한 표현이에요. 듣고 따라 해 보세요. 그리고 의미를 알아보세요. 56

(1)

할아버지 **산소**에
성묘하러 갔어요.

(2)

가족들이 모여 설날 아침에
차례를 지내요.

(3)

명절을 맞아 가족들이 모두
할머니 댁에 모였어요.

(4)

크리스마스 장식으로
집을 꾸몄어요.

(5)

추수감사절에 **퍼레이드를 해서**
구경하러 갔어요.

(6)

밤 12시가 되니까 새해가 밝은 걸
기념하는 **폭죽이 터졌어요.**

2 다음 대화를 듣고 **1**의 표현을 사용해 문장을 완성해 보세요. 57

(1) 엘렌은 멋있게 ______________________ 놓고 살아 보고 싶어 해요.

(2) 사람들이 ______________________ 어려운 이웃을 위해 쌀을 모으고 있어요.

(3) 유나의 가족은 명절에 돌아가신 조상님을 생각하며 ______________________.

(4) 조슈아는 작년 추수감사절에 고향에서 ______________________ 게 기억에 남아요.

(5) 위칭은 어제 콘서트에서 ______________________ 소리가 너무 커서 놀랐어요.

3 **1**의 표현을 사용해 친구와 이야기해 보세요.

(1) 한국에서 명절을 보낸 적이 있어요? 한국 사람들은 명절에 무엇을 하는 것 같아요?

(2) 여러분 나라에는 대표적인 명절이 언제예요? 그날 보통 뭐 해요?

문법 4

1 다음을 읽고 색칠한 부분이 어떤 의미일지 추측해 보세요.

나는 한국으로 유학을 오기 전에 한국어도 공부하고 아르바이트도 하면서 유학 준비를 오랫동안 했다. 그런데 막상 한국 유학이 결정돼 한국으로 떠날 날이 가까워지니까 기분이 이상했다. 오랫동안 기다리던 일이 이루어져서 기쁘기도 하고 기대도 되었지만 잘할 수 있을지, 어렵고 힘든 일이 생기면 어떻게 할지 걱정도 되었다.

2 어떤 내용이 사실임을 인정하면서 강조해서 말할 때 어떻게 말해요? 다음 대화를 듣고 따라 해 보세요. 58

A 노트북을 사려고 하는데 어떤 게 좋을까요?
B 요즘 이게 잘 팔려요. 가격이 저렴하기도 하고 가벼워서 인기가 많아요.

A 안나 씨, 시험 보기 전에 시험 준비는 보통 어떻게 해요?
B 배운 내용을 다시 공부하면서 배운 걸 소리 내서 읽기도 하고 대화를 다시 들어 보기도 해요.

A/V-기도 하다

'-기도 하다'는 형용사, 동사, '이다'와 함께 쓰여 앞의 내용이 정말 그러하다고 인정함을 강조해서 말할 때 사용된다. 상황이나 상태가 두 가지 이상 일어날 때 '-기도 하고 -기도 하다'의 형태로 사용된다.

예) 혼자 여행하면 편하기도 하지만 외로울 때도 있어요.
어렸을 때는 언니가 입던 옷을 가끔 물려 입기도 했어요.
오후 6시쯤이 되면 그 마트에서 채소를 싸게 팔기도 해요.
그 사람은 직장 동료이기도 하고 학교 선배이기도 해요.

3 다음을 보고 알맞은 것을 찾아 연결하고 '-기도 하다'를 사용해 말해 보세요.

	인정하는 것 1	인정하는 것 2
여기에 자주 와요?	(1) 이 스포츠 센터는 집에서 가깝다	음식이 맛있다
	(2) 이 식당은 반찬이 많이 나오다	새 운동 기구가 많다
	(3) 이 미용실은 친구가 좋다고 추천했다	파마가 그렇게 비싸지 않다
선물이 마음에 들어요?	(4) 두꺼운 목도리가 없다	지우개로 지워지다
	(5) 이 신발이 유명한 브랜드이다	신고 다니기가 편하다
	(6) 이 볼펜이 부드럽게 잘 써지다	지금 이 코트에 어울릴 것 같다

A 여기에 자주 와요?

B 네. 이 스포츠 센터는 집에서 가깝기도 하고 새 운동 기구도 많아서 자주 와요.

4 다음을 보고 '-기도 하다'를 사용해 서로 묻고 답해 보세요. 그리고 새 대화도 만들어 보세요.

공부할 때 모르는 단어가 나오면 어떻게 해요?

선생님이나 친구에게 물어보기도 하고 사전에서 찾아보기도 해요.

(1) 공부할 때 모르는 단어가 나오면 어떻게 해요?

(2) 그 식당의 떡볶이 맛이 어때요?

(3) 보통 생활비는 어떻게 마련해요?

(4) 이번 학기 시작할 때 기분이 어땠어요?

(5)

(6)

말하기

여러분 나라와 다른 나라의 새해 풍습에 대해 서로 이야기하려고 해요. 두 나라에서 새해에 먹는 음식과 그때 하는 여러 가지 일에 대해 이야기하는 역할극을 해 보세요.

1 다음은 역할극의 상황이에요. 다음을 보고 어떤 상황인지 친구와 이야기해 보세요.

쇼타가 진영에게 설날 연휴에 고향에 가는지 물어봐요. 진영은 고향에 잠시 다녀온다고 말하고 설날에 한국 사람들이 먹는 음식과 하는 여러 가지 일에 대해 말해요. 쇼타는 일본 사람들이 새해에 먹는 음식과 하는 여러 가지 일에 대해 이야기해요.

(1) 여러분은 설날 연휴에 고향에 잠시 다녀올 것에 대해 말할 때와 한국 사람들이 설날에 하는 여러 가지 일에 대해 말할 때 어떻게 말해요? 이때 사용하는 표현을 써 보세요. 그리고 쇼타와 진영이 되어 역할극을 해 보세요.

기능	표현
고향에 잠시 다녀올 것에 대해 말하기	
한국 사람들이 설날에 하는 여러 가지 일에 대해 말하기	

① 진영에게 설날 연휴에 고향에 다녀오는지 물어보세요.

쇼타

① 쇼타에게 고향에 잠시 다녀올 예정임을 말하세요.

② 진영에게 한국 사람들이 설날에 하는 여러 가지 일에 대해 물어보세요.

진영

② 쇼타에게 한국 사람들이 설날에 하는 여러 가지 일에 대해 말하세요.

(2) (1)에서 만든 대화에 대해 말해 보세요.

여러분은 설날 연휴에 고향에 잠시 다녀올 것에 대해 말할 때 어떻게 말했어요?

한국 사람들이 설날에 하는 여러 가지 일에 대해 말할 때 어떻게 말했어요?

2 설날 연휴에 고향에 잠시 다녀올 것에 대해 말할 때와 한국 사람들이 설날에 하는 여러 가지 일에 대해 말할 때 어떻게 말하는지 알아보세요.

(1) 설날 연휴에 고향에 잠시 다녀올 것에 대해 말할 때 어떻게 표현할까요?

고향에 잠시 다녀올 것에 대해 말하기

A 설날 연휴에 부모님이 계신 부산에 내려가요?

B
- 네. 길게 있지 못해도 잠깐 갔다 오려고 해요.
- 네. 오래 있지 못하더라도 잠깐 다녀오려고요.
- 네. 오래 있지는 못하겠지만 잠시라도 다녀올까 해요.

(2) 한국 사람들이 설날에 하는 여러 가지 일에 대해 말할 때 어떻게 표현할까요?

한국 사람들이 설날에 하는 여러 가지 일에 대해 말하기

A 한국에서는 설날에 가족들이 모이면 보통 뭐 해요?

B
- 성묘를 다녀온다거나 명절 음식을 먹는다거나 하면서 보내요.
- 성묘를 다녀오거나 명절 음식을 같이 먹으면서 보내거나 해요.
- 성묘를 다녀오기도 하고 명절 음식을 같이 먹기도 하면서 보내요.

+ 더 알아보기

이라도/라도

'(이)라도'는 명사, 부사 등과 함께 쓰여 여러 가능성 중에 최선이 아닌 것을 선택함을 나타낸다.

예) 일 시작하기 전에 차 한 잔이라도 마시고 하세요.
잠시라도 좋으니 여기에 좀 앉아서 쉬었다가 갈래요?
급한 일이니까 문자를 보시면 늦게라도 연락 주세요.

3 다음 대화를 들은 후 읽어 보세요. 그리고 대화 내용과 순서를 알아보세요.

59

고향에 잠시 다녀올 것에 대해 말하기

쇼타 진영 씨, 다음 주면 설날 연휴인데 진영 씨도 연휴에 부모님이 계신 부산에 내려가요?

진영 네. 오래 있지 못하더라도 잠깐 다녀오려고요. 취업 준비하느라고 계속 못 갔거든요.

한국 사람들이 설날에 하는 여러 가지 일에 대해 말하기

쇼타 그랬군요. 그런데 한국에서는 설날에 가족들이 모이면 보통 뭐 해요?

진영 차례를 지내고 나서 성묘를 다녀오기도 하고 명절 음식을 같이 먹기도 하면서 보내요. 부모님께 세배도 하고요. 일본에서는 어떻게 보내요?

일본 사람들이 새해에 하는 일 묻고 답하기

쇼타 일본에서도 부모님께 세배해요. 그리고 어떤 사람들은 해돋이를 보러 가거나 신사나 절에 가서 새해 소원을 빌어요.

한국의 설날과 일본의 새해 음식에 대해 말하기

진영 그렇군요. 그런데 한국에서는 설날에 한 해 동안 걱정 없이 편안하게 잘 살기를 바라는 의미로 떡국을 먹는데 일본에도 그날 먹는 특별한 음식이 있어요?

쇼타 네. 한국의 떡국하고 비슷한 오조니(Ozoni)라는 걸 먹어요.

진영 정말요? 한국이랑 새해를 맞이하는 풍습이 비슷하네요.

4 다음 대화 상황과 역할을 읽고 2와 3에서 배운 것을 활용해 사람 1과 사람 2가 되어 역할극을 해 보세요.

사람 1

사람 2에게 새해에 무엇을 할지 묻고 사람 2의 나라 사람들이 새해에 하는 일에 대해 물어보세요. 그리고 자신의 나라에서 새해에 하는 여러 가지 일, 먹는 음식에 대해 이야기하세요.

사람 2

새해에 무엇을 할지 답하고 새해에 자신의 나라 사람들이 하는 여러 가지 일에 대해 이야기하세요. 그리고 사람 1의 나라 사람들이 새해에 하는 일과 특별하게 먹는 음식에 대해 물어보세요.

5 친구와 같이 만든 역할극을 발표해 보세요.

읽고 쓰기

1 다음은 한국의 추석과 미국의 추수감사절에 대한 글이에요. 두 명절의 공통점을 생각하면서 읽어 보세요.

추석과 추수감사절

농업이 중심이던 예전에는 농사가 가장 중요했다. 그래서 농사가 잘되면 그것에 대해 감사를 드렸다. 이것에서 비롯된 것이 한국의 추석과 미국의 추수감사절이다. 이처럼 두 명절은 가을에 추수한 것을 감사의 의미로 바친다는 점에서 공통점이 있다. 그리고 이때가 되면 명절을 맞아 가족들이 모여 명절 음식을 같이 먹으면서 축하하고 기념한다는 점도 비슷하다.

그러나 차이점도 있다. 먼저 시기가 다르다. 추석은 음력 8월 15일로 보통 9월이나 10월이고 미국의 추수감사절은 11월 넷째 주 목요일이다. 두 번째로 감사를 표현하는 대상이 다르다. 추석에는 돌아가신 조상님이 잘 돌봐 주셨기 때문에 1년 농사가 잘됐다고 믿어 조상님께 차례를 지내며 감사드린다. 그런데 추수감사절은 그동안 잘 돌봐 주신 하늘에 계신 신께 감사를 드린다. 세 번째로 명절을 즐기는 방법이 다르다. 추석은 가족, 친척 중심의 행사라서 가족, 친척들이 모두 모여 추석을 보낸다. 그러나 추수감사절은 가족 행사이기도 하지만 (Ⓐ) 가족이 아닌 다른 사람들과도 함께하는 행사다. 그래서 같은 지역에 사는 사람들과 축제를 준비해 퍼레이드를 하기도 하고 지역을 대표하는 미식축구팀의 경기를 응원하면서 시간을 보낸다.

이처럼 추석과 추수감사절은 다른 점도 있지만 한 해 동안 돌봐 주고 지켜 주신 것에 대한 감사를 잊지 않고 기념한다는 점은 같다. 이 의미는 변하지 않고 계속될 것이다.

2 위의 글을 다시 읽으세요. 읽은 후에 추석과 추수감사절의 공통점을 찾아 써 보세요.

공통점	• •

3 다음 물음에 답해 보세요.

(1) 추석과 추수감사절의 차이점으로 맞지 <u>않는</u> 것을 골라 보세요.

① 추석은 9월이나 10월인데 추수감사절은 11월이다.
② 추석에는 조상님께, 추수감사절에는 신께 감사를 드린다.
③ 추석에는 농사가 잘되기를, 추수감사절에는 건강을 지켜 주기를 빈다.

(2) Ⓐ에 들어갈 말로 알맞은 것을 골라 보세요.

① 흔히　　② 동시에　　③ 아무리

(3) 추석과 추수감사절에 대한 설명으로 알맞은 것을 골라 보세요.

① 추석에는 보통 가족이나 친척과 같이 시간을 보낸다.
② 추수감사절에는 지역 주민들끼리 모여 미식축구를 한다.
③ 추석과 추수감사절에 동네 사람들이 같이 퍼레이드를 한다.

(4) 추석과 추수감사절은 무엇에서 비롯되었는지 써 보세요.

---

4 명절을 하나 정해 여러분 나라와 다른 나라의 명절을 비교하는 글을 쓰려고 해요.

(1) 여러분의 생각을 써 보세요.

비교할 명절은 무엇입니까?	
두 나라 명절의 공통점은 무엇입니까?	
두 나라 명절의 차이점은 무엇입니까?	

(2) (1)을 바탕으로 여러분 나라와 다른 나라의 명절을 비교하는 글을 써 보세요.

어휘와 표현 확인

의미를 아는 어휘나 표현에 ✓표 해 보세요.

1 비가 오더라도 행사는 진행될 예정이에요

- □ 입장권을 받다
- □ 축제에 참여하다
- □ 축제 분위기가 나다
- □ 얼음을 깨다
- □ 별도로 마련되어 있다
- □ 카메라에 담다
- □ 야간 개장을 앞두고 있다
- □ 먹을거리를 구입하다
- □ 산 정상
- □ 무사히
- □ 등산로
- □ 실수
- □ 험하다
- □ 야생동물
- □ 승객
- □ 착륙하다
- □ 예정
- □ 좌석 벨트
- □ 표시등
- □ 입국장
- □ 목줄
- □ 물러나다
- □ 이용객
- □ 대충
- □ 환기하다
- □ 망설여지다
- □ 유학생회
- □ 참가하다
- □ 한창
- □ -씩

2 축제 준비가 잘되기는커녕 장소도 아직 못 정했어요

- □ 오히려
- □ 시장
- □ 장애
- □ 휠체어
- □ 유모차
- □ 야시장
- □ 잠시
- □ 광화문광장
- □ 각국
- □ 카레
- □ 입을 모으다
- □ 일시
- □ 제공하다

3 성묘도 다녀오고 명절 음식을 먹기도 하면서 보내요

- □ 산소에 성묘하러 가다
- □ 차례를 지내다
- □ 명절을 맞다
- □ 집을 꾸미다
- □ 퍼레이드를 하다
- □ 폭죽이 터지다
- □ 추수감사절
- □ 이웃
- □ 쌀
- □ 돌아가시다
- □ 조상님
- □ 제사
- □ 행진하다
- □ 펑
- □ 운동 기구
- □ 세배하다
- □ 신사
- □ 절
- □ 소원을 빌다
- □ 농업
- □ 농사
- □ 비롯되다
- □ 추수하다
- □ 바치다
- □ 음력
- □ 대상
- □ 신
- □ 친척
- □ 대표하다
- □ 미식축구
- □ 흔히

6 단원

소비와 절약

소단원 1
- 알뜰한 소비에 대한 어휘와 표현 익히기
- A/V-든지
  V-고 보다
- 생활비 지출에 대한 대화 듣기

소단원 2
- A/V-거니와
- 생활비 절약 방법에 대한 1인 방송 듣고 쓰기
- 물건을 싸게 구입하는 방법에 대해 읽고 말하기

소단원 3
- 소비 습관에 대한 어휘와 표현 익히기
- V-아/어 버리다
- 자신의 소비 습관에 대해 말하기
- 잘못된 소비 습관에 대한 예시의 글 읽고 쓰기

A

B

C

다음 대화를 듣고 A, B, C 중에서 알맞은 사진을 찾아 써 보세요.

1. (   )
2. (   )
3. (   )

60

1 외식을 줄이고 보니 식비가 절약됐어요

어휘와 표현 1

1 다음은 알뜰한 소비에 대한 표현이에요. 듣고 따라 해 보세요. 그리고 의미를 알아보세요. 61

(1)

인터넷에서 사람들과 함께 생활용품을 **공동 구매해요.**

(2)

식비를 줄이려고 직접 요리해서 먹어요.

(3)

가구를 살 때 가구점에 놓여 있는 **전시 상품을 사요.**

(4)

전기나 물 사용을 줄여서 **공과금을 절약해요.**

(5)

물건을 사기 전에 인터넷에서 **최저가를 검색해 봐요.**

(6)

포인트를 적립하면 다음에 물건을 살 때 쓸 수 있어요.

2 다음 대화를 듣고 **1**의 표현을 사용해 문장을 완성해 보세요. 62

(1) 안나는 ________________ 요즘 외식하지 않아요.

(2) 다샤는 ________________ 위해서 전기를 아껴 썼어요.

(3) 올리버는 오늘 그동안 ________________ 과일을 샀어요.

(4) 유나는 매장에 있던 ________________ 책상을 싸게 살 수 있었어요.

(5) 진영은 운동화를 더 싸게 사려고 인터넷에서 ________________ 있어요.

3 **1**의 표현을 사용해 친구와 이야기해 보세요.

(1) 여러분은 보통 생활비를 어디에 많이 써요?

(2) 어떻게 하면 사고 싶은 물건을 싸게 살 수 있어요? 여러분은 이럴 때 어떻게 해요?

문법 1

1 조슈아는 방학에 뭘 하려고 해요? 다음 대화를 듣고 알맞은 것을 골라 보세요. 63

(1)

(2)

2 여러 가지 나열한 것들 중에서 어느 것이나 선택될 수 있을 때 어떻게 말해요? 다음 대화를 듣고 따라 해 보세요. 64

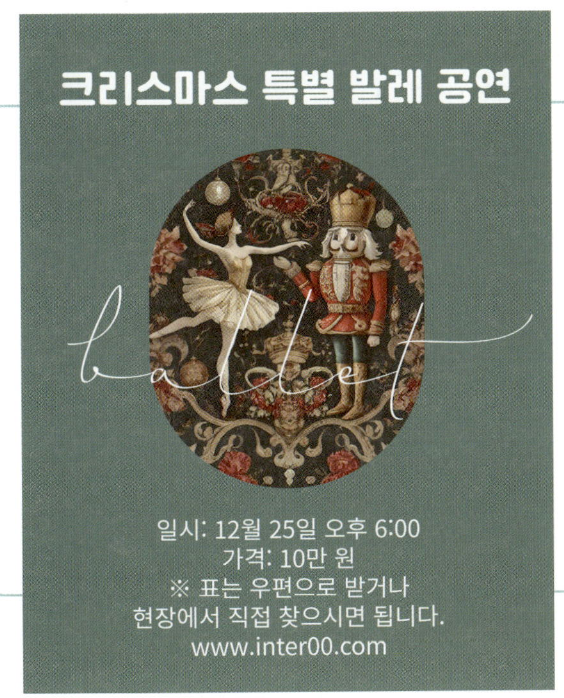

A 크리스마스에 하는 발레 공연을 보고 싶은데 가격이 10만 원이라서 갈까 말까 고민 중이야.

B 무슨 말이야. 일 년에 한 번 하는 공연인데 싸든지 비싸든지 보러 가야지. 그런데 인터넷으로 예매하면 표는 어떻게 받을 수 있대?

A 표는 우편으로 받든지 현장에서 직접 찾으면 된대. 우리는 우편으로 미리 받으면 어때?

B 그래. 그럼 얼른 예매하자.

A/V-든지

'-든지'는 형용사, 동사, '이다'와 함께 쓰여 나열된 동작이나 상태, 대상들 중에서 어느 것이나 선택될 수 있음을 나타낸다. 주로 '-든지 -든지 하다'의 형태로 쓰인다.

예) 학생이면 학교에서 정한 규칙이 좋든지 싫든지 지켜야 돼요.
공부하다가 졸리면 커피를 마시든지 조금 자고 일어나서 하세요.
그 만화 영화는 아이든지 어른이든지 모두 관람할 수 있다.

3 학생 A와 B가 되어 질문에 대한 대답을 '-든지'를 사용해 말해 보세요. 그리고 친구의 대답을 듣고 ✓표 해 보세요.

학생 A

p. 155 > 학생 B

질문하세요!

질문	대답		
(1) 저녁 식사 준비 방법	☑ 짜장면을 시키다	☑ 집에서 간단하게 먹다	☐ 집 앞 식당에서 외식하다
(2) 동아리 공연 홍보 방법	☐ 초대장을 나눠 주다	☐ 소셜 미디어에 올리다	☐ 포스터를 게시판에 붙이다
(3) 다툰 친구와 화해 방법	☐ 만나서 직접 사과하다	☐ 문자 메시지를 보내다	☐ 사과의 이메일을 쓰다
(4) 보고서 자료 조사 방법	☐ 인터넷에서 검색하다	☐ 신문 기사를 살펴보다	☐ 도서관에서 자료를 찾다

대답하세요!

질문	대답		
(5) 공과금 납부 방법	☑ 계좌로 보내다	☐ 카드로 결제하다	☑ 은행에서 납부하다
(6) 면접시험 준비 방법	☑ 면접 관련 책을 읽다	☑ 취직한 선배에게 묻다	☐ 예상 질문 목록을 만들다
(7) 온라인 쇼핑몰 연락 방법	☐ 전화를 걸다	☑ 앱에서 문자로 상담하다	☑ 고객 게시판에 글을 쓰다
(8) 친구 생일 케이크 준비 방법	☑ 직접 만들다	☑ 빵집에서 사다	☐ 전문점에서 주문 제작하다

A 저녁 식사를 어떻게 준비할까요?

B 짜장면을 시키든지 집에서 간단하게 먹든지 다 괜찮아요.

4 다음을 보고 '-든지'를 사용해 서로 묻고 답해 보세요. 그리고 새 대화도 만들어 보세요.

고향에서 친구가 오는데 어디에 가는 게 좋을까요?

글쎄요. 명동에 가든지 홍대에 가 보세요. 다 좋아할 거예요.

(1) 고향에서 친구가 오는데 어디에 가는 게 좋을까요?

(2) 사고 싶은 운동화가 품절됐는데 어떻게 하는 게 좋을까요?

(3) 서울에서 전통 체험을 해 보고 싶은데 뭘 하는 게 좋을까요?

(4) 동생이 고등학교를 졸업하는데 뭘 선물해 주는 게 좋을까요?

(5)

(6)

문법 2

1 다음 대화를 듣고 질문에 알맞은 답을 골라 보세요. 65

(1) 쇼타는 무엇을 먼저 하자고 했어요?

① 수업을 듣자고 했어요.

② 등록을 하자고 했어요.

(2) 진영은 새로 산 책과 같은 책이 집에 있는 것을 언제 알았어요?

① 책을 사기 전에 알았어요.

② 책을 사고 나서 알았어요.

2 어떤 일을 먼저 하자고 하거나 행동 후 새롭게 깨닫게 된 것을 말할 때 어떻게 말해요? 다음 대화를 듣고 따라 해 보세요. 66

A 지금 식당에 자리가 없어서 기다려야 된대. 다른 식당에 갈까?

B 금방 들어갈 수도 있으니까 대기자 명단에 이름부터 쓰고 보자. 이 식당에 와 보고 싶어 했잖아.

A 뉴스에서 보니까 산책처럼 가벼운 운동을 하는 게 스트레스 해소에 제일 효과적이래요.

B 그래요? 저는 보통 쇼핑을 했는데 유나 씨 말을 듣고 보니 운동하고 나서 스트레스가 풀린 적이 많았네요.

V-고 보다

'-고 보다'는 동사와 함께 쓰여 앞의 행동을 먼저 함을 나타낸다. 주로 '-고 보자', '-고 봅시다'로 쓰여 다른 일은 나중에 생각하고 어떤 일을 먼저 할 것을 제안하거나 '-고 보니', '-고 보면'으로 쓰여 어떤 행동을 한 후 뒤의 내용을 받아들이거나 새롭게 깨닫게 됨을 나타낼 때 사용된다.

예) 배고프니까 일단 밥부터 먹고 봅시다.
알고 보니 그 사람은 저와 같은 고향 사람이었어요.
부모가 되고 보면 부모님의 마음을 이해할 수 있을 거예요.

3 다음 상황에 알맞은 것은 무엇이에요? '-고 보다'를 사용해 말해 보세요.

상황

(1) 내일 이사인데 무슨 짐부터 싸야 할지 모르다

(2) 이번에 할인받으면 다음에 할인받을 수 없다

(3) 그 음식을 주문하고 싶은데 입맛에 안 맞을 것 같다

(4) 토요일이 파티인데 파티 장식을 어떻게 할지 모르다

(5) 뮤지컬 표를 예매하려고 하는데 남아 있는 자리가 좋지 않다

(6) 친구 생일에 액세서리를 만들어 주고 싶은데 잘 만들 자신이 없다

제안

- 다른 짐은 나중에 싸고 중요한 물건부터 챙기다
- 배고프니까 우선 시키다
- 취소해도 되니까 예매하다
- 예쁘지 않으면 다른 선물을 줘도 되니까 같이 만들다
- 인터넷에 파티 장식 사진이 많으니까 검색부터 하다
- 다음에 여기서 쇼핑 안 할 수도 있으니까 지금 할인받다

A 내일 이사인데 무슨 짐부터 싸야 할지 몰라서 고민하고 있어.
B 다른 짐은 나중에 싸고 중요한 물건부터 챙기고 보자.

4 다음을 보고 '-고 보다'를 사용해 서로 묻고 답해 보세요. 그리고 새 대화도 만들어 보세요.

읽고 싶어 하던 그 소설을 재미있게 읽었어요?

네. 그런데 읽고 보니 상상한 것과 다른 내용이었어요.

(1) 읽고 싶어 하던 그 소설을 재미있게 읽었어요?

(2) 발표 준비를 열심히 하더니 발표는 잘했어요?

(3) 어렸을 때 친하게 지내던 친구는 잘 만났어요?

(4) 친구 때문에 화가 났었는데 그 친구와 이야기를 나눴어요?

(5)

(6)

듣기

1 다음은 사람들이 생활비를 지출하는 항목이에요. 여러분은 한 달 생활비를 어떤 항목에 얼마나 써요?

2 다음은 쇼타와 루이즈의 대화예요. 잘 듣고 물음에 답해 보세요.

67

(1) 들은 내용과 맞지 않는 것을 골라 보세요.

① 쇼타는 지난달에 에어컨 때문에 공과금을 많이 냈어요.
② 루이즈와 쇼타는 둘 다 식비로 돈을 많이 써요.
③ 쇼타는 생활비가 부족해서 모임에 안 나갔어요.

(2) 쇼타와 루이즈가 말한 식비 절약 방법을 잘못 이해한 사람을 골라 보세요.

① 상우: 음료수를 사 먹지 않게 물을 가지고 다녀야겠어.
② 유나: 간식은 양이 적고 비싸지 않은 종류로 사야겠어.
③ 위칭: 장은 한 번에 많이 보지 말고 조금씩 자주 봐야겠어.

(3) 두 사람이 앞으로 할 행동으로 알맞은 것을 골라 보세요.

①

②

③

+ 더 알아보기

이든지/든지

'(이)든지'는 주로 누구, 어디, 언제, 무엇 등과 함께 쓰여 여러 가지 중에 어느 것을 선택해도 결과가 같음을 나타낸다. '누구에게, 어디에서' 등과도 함께 쓰인다.

예) 한국 남자들은 누구든지 군대에 가야 돼요.
궁금한 것이 있으면 뭐든지 선생님에게 물어보세요.
병원 안에서는 어디에서든지 담배를 피우면 안 됩니다.

3 식비나 공과금을 효과적으로 줄이려면 어떻게 하면 좋을까요? 여러분은 어떻게 하고 있어요? 친구와 이야기해 보세요.

2 공동 구매하면 할인되거니와 편리해서 좋습니다

문법 3

1 다음을 읽고 색칠한 부분이 어떤 의미일지 추측해 보세요.

지난달 가수 김지훈이 직접 작곡한 곡을 발표했는데 그 곡의 인기가 날로 높아지고 있다. 김지훈은 다재다능해서 노래는 물론이고 악기 연주 실력도 **뛰어나거니와** 작곡 실력도 훌륭하다. 그래서 한국뿐만 아니라 해외에도 그 가수를 좋아하는 팬들이 많아지고 있다.

2 앞의 사실을 인정하면서 뒤의 사실을 덧붙여 말할 때 어떻게 말해요? 다음 대화를 듣고 따라 해 보세요. 68

김 기자, 물가 상승이 소비자와 기업에 어떤 영향을 미칩니까?

물가가 상승하면 사람들이 소비를 많이 하지 않거니와 기업들의 투자도 줄어듭니다.

어젯밤 부산의 한 공사장에서 난 불로 피해가 상당하다면서요?

맞습니다. 화재로 두 명이 크게 다쳐 인명 피해도 있었거니와 공사 중이던 건물이 무너져 물질적 피해도 컸습니다.

A/V-거니와

'-거니와'는 형용사, 동사, '이다'와 함께 쓰여 앞의 사실을 인정하면서 뒤의 사실을 덧붙임을 나타낸다.

예) 눈이 와서 길이 미끄럽거니와 날도 어두우니까 귀가할 때 조심하시는 게 좋겠습니다.
쇼타는 한국어를 잘하거니와 성격도 좋아서 친구들에게 인기가 많다.
우리 지역에 교통량이 늘면 길이 막히는 것도 문제거니와 소음도 큰 문제입니다.

3 다음을 보고 알맞은 것을 찾아 연결하고 '-거니와'를 사용해 말해 보세요.

	이유	덧붙이는 이유
요즘 왜 이게 잘 팔린다고 생각하십니까?	(1) 그 토마토는 열량이 높지 않다	영양도 풍부하다
	(2) 그 전화는 화면이 크고 가볍다	카메라 기능도 좋다
	(3) 그 운동화는 유명한 연예인들이 많이 신었다	광고가 자주 나오다
요즘 왜 이게 잘 안 팔린다고 생각하십니까?	(4) 그 아이스크림은 너무 달다	무게가 꽤 나가다
	(5) 그 가방 디자인은 유행이 지났다	배터리가 오래가지 않다
	(6) 그 청소기는 사용 방법이 복잡하다	양이 적은데 가격이 비싸다

A 요즘 왜 이게 잘 팔린다고 생각하십니까?

B 그 토마토는 열량이 높지 않거니와 영양도 풍부해서 잘 팔리는 것 같습니다.

4 다음을 보고 '-거니와'를 사용해 서로 묻고 답해 보세요. 그리고 새로운 대화도 만들어 보세요.

왜 그 방송 프로그램이 인기가 많습니까?

재미있거니와 유익한 정보도 많아서 인기가 많습니다.

	질문	대답
(1)	왜 그 방송 프로그램이 인기가 많습니까?	재미있다, 유익한 정보도 많다
(2)	회사에서 동료들이 올리버를 어떻게 생각합니까?	일을 잘하다, 대인 관계도 좋다
(3)	기숙사로 이사한 후에 생활이 어떻게 달라졌습니까?	
(4)	주말에는 한강 공원에 사람이 많은데 어제는 왜 사람이 없었습니까?	
(5)		
(6)		

듣고 쓰기

1 다음을 보고 1인 방송에서 무엇에 대해 이야기하고 있는지 말해 보세요.

2 다음은 생활비 절약 방법에 대한 1인 방송이에요. 잘 듣고 물음에 답해 보세요.

(1) 방송을 잘 들으세요. 들은 내용 중 중요한 것을 메모해 보세요.

(2) 다시 듣고 물음에 답해 보세요.

1) 생활비를 절약하려고 할 때 먼저 뭘 해야 해요?

2) 절약왕이 제안한 생활비 달력은 어떻게 하는 거예요?

3) 절약왕이 말한 절약법의 장점이 아닌 것은 뭐예요?

① 

② 

③ 

(3) 한 번 더 들으세요. 들으면서 잘못 들었거나 새롭게 들은 내용을 (1)에 추가해 써 보세요.

3 3~4명씩 모여서 **2**의 내용을 바탕으로 글을 써 보세요.

(1) **2**의 (1)을 서로 비교하면서 같은 것과 다른 것이 무엇인지 확인해 보세요.

(2) **2**의 내용을 '-든지', '-거니와'를 사용해 6~7문장의 글로 완성해 보세요.

절약 정보를 알려 주는 절약왕이 생활비 절약법에 대해 소개해요. ______________________

____

____

____

____

____

____

(3) (2)의 내용과 표현이 맞는지 177~178쪽의 듣기 지문과 비교해 보세요.

읽고 말하기

1 다음은 물건을 싸게 구입하는 방법이에요. 어떤 방법인지 다음을 보고 말해 보세요.

2 다음은 물건을 싸게 구입하는 공동 구매에 대해 쓴 글이에요. 글을 읽고 다음에 메모해 보세요.

공동 구매란 둘 이상의 사람이 단체로 같은 물건을 구매하는 것이다. 처음에는 소비자들이 여럿 모여 주로 생활용품을 함께 사는 것에서 공동 구매가 비롯되었다. 공동 구매를 하면 소비자는 각자 구입할 때보다 싼 가격으로 물건을 살 수 있고 판매자는 홍보를 적게 해도 하나의 상품을 많은 소비자에게 한꺼번에 대량으로 팔아 수익을 낼 수 있다.

그런데 공동 구매가 온라인 쇼핑을 중심으로 활성화되면서 구입에만 참여하던 소비자가 판매자가 되어 공동 구매를 주도하는 일도 늘어났다. 그러면서 할인되는 상품의 폭도 확대되었다. 이제 할인되는 품목은 식료품에서부터 전자제품, 의류, 액세서리 등에 이르기까지 다양해졌다. 게다가 해외에 있는 물건을 살 때 드는 배송비 부담을 줄일 수 있거니와 시중에서 개인적으로 구하기 어려운 물건을 살 수도 있어서 공동 구매로 살 수 있는 물건들이 계속 늘어나고 있다.

공동 구매가 뭐예요?	
공동 구매의 장점이 뭐예요?	
공동 구매가 어디까지 확대됐어요?	

+ 더 알아보기

N에 따라

'에 따라'는 명사와 함께 쓰여 어떤 상황이나 사실, 기준을 근거로 행동함을 나타낸다.

예) 그 가방은 크기에 따라 가격이 달라요.
계획한 순서에 따라 행사를 진행하려고 해요.
사회적인 문제는 법과 원칙에 따라 올바르게 해결되어야 합니다.

3 다음은 물건을 싸게 살 수 있는 방법이에요. 다음 중 하나를 골라 메모하면서 이야기를 만들어 보세요.

전시 상품 구입!

상품의 상태에 따라
할인율이 다르지만
신제품도 저렴한 가격에
살 수 있어

이월 상품 구입!

여름에 패딩 점퍼를,
겨울에 수영복을
최대 70% 싸게 판매

포인트 적립!

적립한 포인트만큼
물건을 싸게 사거나
무료로 구입할 수 있어

무료 체험단 신청!

신제품을 무료 또는
할인된 가격으로
가장 먼저 사용해 볼 수
있는 기회

______________ 이/가 뭐예요?	
____________ 의 장점이 뭐예요?	
______ 이/가 어디까지 확대됐어요?	

4 3~4명씩 모이세요. **3** 의 메모를 보고 다음과 같이 말해 보세요. 그리고 다른 친구들의 질문에 답해 보세요.

A 물건을 싸게 살 수 있는 방법 중 하나는 공동 구매하는 거예요. …… 요즘은 공동 구매로 해외에 있는 물건을 살 때 드는 배송비 부담을 줄일 수 있거니와 시중에서 개인적으로 구하기 어려운 물건을 살 수도 있어요. 그래서 공동 구매하는 사람이 많아요.

B 잘 들었어요. 그런데 공동 구매의 단점은 뭐예요?

5 각 팀에서 제일 흥미 있는 이야기를 골라 발표해 보세요.

3 용돈을 받자마자 다 써 버렸어요

어휘와 표현 2

1 다음은 소비 습관에 대한 표현이에요. 소리 내 읽어 보세요. 그리고 의미를 알아보세요.

(1)

예금해요

(2)

낭비해요

(3)

과소비해요

(4)

예산을 세워요

(5)

충동구매를 해요

(6)

규모 있게 써요

(7)

지출액을 점검해요

(8)

한꺼번에 몽땅 써요

2 **1**의 표현을 다음에 써 보세요. 그리고 여러분이 알고 있는 다른 표현도 써 보세요.

바른 소비 습관	잘못된 소비 습관
예 예금해요.	

3 **2**의 표현을 사용해 친구와 이야기해 보세요.

(1) 여러분은 어떤 소비 습관을 가지고 있어요? 왜 그런 소비 습관이 생겼어요?

(2) 바른 소비 습관을 기르려면 어떻게 하면 좋을까요?

문법 4

1 다음을 읽어 보세요. 어떤 일이 완전히 끝났음을 나타내는 표현을 찾아 모두 밑줄을 그어 보세요. 그리고 사진에 맞는 표현도 찾아보세요.

요즘 친구들과 노느라고 숙제를 제때 하지 못해 결국 숙제가 산더미처럼 쌓이고 말았다. 마음먹고 일요일 밤늦게까지 밀린 숙제를 해서 숙제를 모두 끝내 버렸다. 그런데 월요일 아침에 늦잠을 자는 바람에 학교에 결석해 버렸다. 앞으로는 절대 숙제를 미루지 않을 것이다.

2 일을 끝내서 아무것도 남지 않거나 일이 어쩔 수 없는 상태로 바뀌었음을 말할 때 어떻게 말해요? 다음 (1)과 (2)를 보세요. 그리고 대화를 듣고 따라 해 보세요. 70

A 왜 그래요? 무슨 일이 있어요?
B 조카들이 와서 생일 케이크를 다 먹어 버렸어요.

A 정말요? 그런데 이 생선 요리는 어떻게 된 거예요?
B 파티를 준비하다가 깜박해서 생선 요리가 타 버렸어요.

V-아 버리다/어 버리다

'-아/어 버리다'는 동사와 함께 쓰여 어떤 일이 완전히 끝나서 아무것도 남지 않거나 그 일이 어찌할 수 없는 상태로 바뀌었음을 나타낼 때 사용한다.

예) 동생이 내가 새로 산 옷을 입고 나가 버려서 화가 났어요.
게시판에 포스터를 붙여 놓았는데 바람이 심하게 불어서 떨어져 버렸어요.
영상을 보다가 지루해져서 꺼 버렸어요.

3 **2**의 (3)~(6)을 보고 '-아/어 버리다'를 사용해 말해 보세요.

4 다음을 보고 '-아/어 버리다'를 사용해 서로 묻고 답해 보세요. 그리고 새 대화도 만들어 보세요.

왜 머리 스타일을 바꿨어?

머리끝이 상해서 잘라 버렸어.

(1)

왜 머리 스타일을 바꿨어?

머리끝이 상하다

(2)

오늘 아침에 왜 전화를 안 받았어?

너무 피곤하다

(3)

네 자전거는 어디에 있어?

자주 안 타다

(4)

그 가방 사고 싶어 하더니 안 샀어?

지난주에 쇼핑을 많이 하다

(5)

(6)

말하기

소비 습관에 대해 이야기하려고 해요. 자신의 소비 습관에 대해 말하고 잘못된 소비 습관을 고치기 어려움을 말하는 역할극을 해 보세요.

1 다음은 역할극의 상황이에요. 다음을 보고 어떤 상황인지 친구와 이야기해 보세요.

진차오는 충동구매를 하고 안나에게 충동구매를 하는 자신의 소비 습관에 대해 말해요. 안나는 예산을 세워 돈을 쓰고 충동구매를 하지 않는 자신의 소비 습관을 말해요. 진차오는 잘못된 소비 습관을 고치기가 어렵다고 말하고 자신에게 맞는 절약 방법을 알아보겠다고 말해요.

(1) 충동구매를 하는 자신의 소비 습관에 대해 말하고 잘못된 소비 습관을 고치기 어렵다고 말할 때 어떻게 말해요? 이때 사용하는 표현을 써 보세요. 그리고 진차오와 안나가 되어 역할극을 해 보세요.

	내용
충동구매를 하는 자신의 소비 습관에 대해 말하기	
잘못된 소비 습관을 고치기 어려움을 말하기	

진차오: ① 충동구매를 하는 자신의 소비 습관에 대해 말하세요.

안나: ① 예산을 세워서 돈을 쓰고 충동구매도 안 하는 자신의 소비 습관에 대해 말하세요.

진차오: ② 충동구매를 하는 소비 습관을 고치기 어려움을 말하세요.

안나: ② 잘못된 소비 습관을 고치기 어렵다는 진차오의 말을 듣고 동의하세요.

(2) (1)에서 만든 대화에 대해 말해 보세요.

여러분은 충동구매를 하는 자신의 소비 습관에 대해 말할 때 어떻게 말했어요?

잘못된 소비 습관을 고치기 어려움을 말할 때 어떻게 말했어요?

2 **충동구매를 하는 소비 습관에 대해 말할 때와 잘못된 소비 습관을 고치기 어려움을 말할 때 어떻게 말하는지 알아보세요.**

(1) 충동구매를 하는 자신의 소비 습관에 대해 말할 때 어떻게 말할까요?

충동구매를 하는 소비 습관에 대해 말하기

A • 난 구경하다가 마음에 드는 게 보이면 그냥 바로 사 버려서 큰일이야.
  • 쇼핑하기 전에 살 생각이 없던 것도 마음에 들면 충동구매를 하고 나서 후회해.
  • 물건을 보다가 사고 싶은 게 있으면 참지 못하고 충동구매를 하게 돼서 고민이야.

B 난 보통 돈을 어디에 쓸지 미리 예산부터 세우거든. 그래서 충동구매는 거의 안 하는 편이야.

(2) 잘못된 소비 습관을 고치기 어려움을 말할 때 어떻게 말할까요?

잘못된 소비 습관을 고치기 어려움을 말하기

A • 충동구매를 안 하려고 결심해도 고치지 못하겠어.
  • 마음에 들면 바로 사는 소비 습관을 고치려고 했지만 소용없었어.
  • 다시는 충동구매를 하지 않겠다고 굳게 마음을 먹어도 못 고치겠어.

B 맞아. 소비 습관을 바꾸는 게 쉽지 않아.

3 다음 대화를 들은 후 읽어 보세요. 그리고 대화 내용과 순서를 알아보세요.

71

- 새로 산 물건에 대해 말하기
- 충동구매를 하는 자신의 소비 습관에 대해 말하기
- 잘못된 소비 습관을 고치기 어려움을 말하기
- 자신에게 맞는 절약 방법을 알아볼 것 말하기

안나　진차오, 그 옷 멋지네. 새로 샀어?

진차오　응. 주말에 인터넷을 보다가 마음에 드는 게 있어서 이것저것 샀어.

안나　그런데 지난달에 산 옷하고 디자인도 색깔도 비슷한 거 같은데 아니야?

진차오　맞아. 사고 보니까 비슷한 옷이 있어서 후회했어. 난 구경하다가 마음에 드는 게 보이면 그냥 바로 사 버려서 큰일이야. 넌 어때?

안나　난 보통 돈을 어디에 쓸지 미리 예산부터 세우거든. 그래서 충동구매는 거의 안 하는 편이야.

진차오　다시는 충동구매를 하지 않겠다고 굳게 마음을 먹어도 못 고치겠어.

안나　맞아. 소비 습관을 바꾸는 게 쉽지 않아. 나도 예산을 세워서 돈을 쓰기 전에는 낭비하는 습관을 고치기가 힘들었어. 너도 너한테 잘 맞는 방법을 찾아봐.

진차오　응. 나도 무작정 습관을 고치려고만 하지 말고 어떤 절약 방법이 나에게 맞을지 고민해 봐야겠어.

4 다음 대화 상황과 역할을 읽고 **2**와 **3**에서 배운 것을 활용해 사람 1과 사람 2가 되어 역할극을 해 보세요.

사람 1

사람 2가 새로 산 물건에 대해 말해 보세요. 그리고 사람 2의 소비 습관에 대해 듣고 자신은 생활비 달력과 가계부를 써서 취미 생활에 돈을 몽땅 쓰지 않는다고 말하세요. 사람 2의 말을 듣고 절약 방법을 고치기가 어렵다고 말하세요.

취미 생활에 돈을 몽땅 쓰는 습관이 있어요. 이런 잘못된 소비 습관을 고치기 어려움을 사람 1에게 말하고 사람 1의 소비 습관을 물어 보세요. 사람 1의 대답을 듣고 자신에게 맞는 절약 방법을 알아보겠다고 말하세요.

사람 2

5 친구와 같이 만든 역할극을 발표해 보세요.

읽고 쓰기

1 다음은 과소비 현상에 대한 예시의 글이에요. 글을 읽으면서 내용적으로 같은 단락을 묶고 각 단락의 중심 내용을 생각해 보세요.

과소비가 넘쳐 나는 세상

[1] 과소비는 자신의 소득을 고려하지 않고 돈을 지나치게 많이 쓰는 것을 말한다. 이런 현상이 요즘은 20~30대 젊은이들에게도 많이 나타난다. 젊은이들은 학업과 일상에서 받은 스트레스를 풀고 즉각적인 만족을 느끼려고 자신에게 비싼 선물을 한다. 그리고 다른 사람들에게 보여 주기 위해 분수에 맞지 않게 돈을 낭비하기도 한다.

[2] 한 예로 취업 준비생 25살 박 모 씨는 구직 활동으로 쌓인 스트레스를 풀기 위해 비싼 차를 샀다. 5년 동안 매달 내야 하는 비용만 200여 만 원이고 유지 비용까지 합치면 아르바이트를 두 개나 해도 밥 사 먹을 돈도 없이 빠듯하다. 그래도 정작 박 모 씨는 후회하기는커녕 (Ⓐ) 차를 사는 거 멋진 차를 샀다면서 만족스러워한다.

[3] 또 30살 이 모 씨는 이제 (Ⓑ) 취직한 신입 사원으로 매달 200만 원 정도를 벌고 있다. 그런데 기념할 일이 있을 때마다 친구들과 고급 호텔에서 묵거나 고급 식당에서 한 끼에 30~50만 원 정도 하는 식사를 하기도 한다. 매달 월급을 받자마자 다 써 버려서 저축은 (Ⓒ) 꿈도 못 꾸지만 소셜 미디어에 자신의 소비를 자랑하며 사람들의 반응을 즐긴다.

[4] 과거에는 이런 과소비 문제가 일부 사람들에게 해당됐지만 이제는 주변에서 흔히 볼 수 있는 더 심각한 문제가 되었다. 소비하고 행복을 얻는 이른바 '가치 소비 시대'에 소비하는 것을 무조건 비난만 할 수는 없다. 그렇지만 가진 것을 몽땅 써 버리고 빚까지 지게 하는 소비가 진정 자신을 위한 소비인지 돌아봐야 할 것이다.

2 위의 글을 다시 읽고 내용적으로 같은 단락을 묶어 번호를 쓰고 중심 내용도 쓰세요.

단락	중심 내용

3 다음 물음에 답해 보세요.

(1) Ⓐ~Ⓒ에 들어갈 말로 맞지 않는 것을 골라 보세요.

① Ⓐ 이왕　　② Ⓑ 다만　　③ Ⓒ 아예

(2) 과소비 현상의 원인에 대한 설명으로 알맞은 것을 골라 보세요.

① 자신의 높은 소득만큼 지출하기 위해서
② 다른 사람들에게 자신의 소비를 자랑하려고
③ 절약 후 소비하는 것에 대한 반응이 궁금해서

(3) 과소비 현상의 예시에 대한 설명으로 알맞은 것을 골라 보세요.

① 박 모 씨는 비싼 차를 사기 위해 구직 활동을 한다.
② 이 모 씨는 기념일마다 과소비하지만 저축도 하고 있다.
③ 박 모 씨는 생활비가 부족하지만 차를 산 것을 후회하지 않는다.

(4) 이 글에서 왜 과소비 현상이 과거보다 요즘 더 심각한 문제가 됐다고 했어요? 써 보세요.

4 지나친 절약이나 지나친 소비 같은 잘못된 소비 습관에 대한 예시의 글을 쓰려고 해요.

(1) 여러분의 생각을 써 보세요.

잘못된 소비 습관은 무엇입니까?	
그 습관에 해당되는 사례는 무엇입니까?	① ②
그 습관에 대해서 어떻게 생각합니까?	

(2) (1)을 바탕으로 잘못된 소비 습관에 대한 예시의 글을 써 보세요.

어휘와 표현 확인

의미를 아는 어휘나 표현에 √표 해 보세요.

1 외식을 줄이고 보니 식비가 절약됐어요

- □ 공동 구매하다
- □ 식비를 줄이다
- □ 전시 상품을 사다
- □ 공과금을 절약하다
- □ 최저가를 검색하다
- □ 포인트를 적립하다
- □ 플러그
- □ 빼다
- □ 전등
- □ 현장
- □ 얼른
- □ 홍보
- □ 다투다
- □ 계좌
- □ 납부
- □ 품절
- □ 우선
- □ 전기료
- □ 무리하다

2 공동 구매하면 할인되거니와 편리해서 좋습니다

- □ 작곡하다
- □ 날로
- □ 다재다능하다
- □ 상승
- □ 소비자
- □ 투자
- □ 상당하다
- □ 화재
- □ 인명 피해
- □ 물질적
- □ 열량
- □ 휴대
- □ 꽤
- □ 대인 관계
- □ 유익하다
- □ 구독자
- □ 파악하다
- □ 달력
- □ 금액
- □ 고정
- □ 가계부
- □ 적다
- □ 명확하다
- □ 단체
- □ 대량
- □ 수익
- □ 활성화되다
- □ 주도하다
- □ 폭
- □ 확대되다
- □ 이르다
- □ 시중
- □ 이월
- □ 패딩 점퍼

3 용돈을 받자마자 다 써 버렸어요

- □ 예금하다
- □ 낭비하다
- □ 과소비하다
- □ 예산을 세우다
- □ 충동구매를 하다
- □ 규모 있게 쓰다
- □ 지출액을 점검하다
- □ 한꺼번에 몽땅 쓰다
- □ 마음먹다
- □ 소득
- □ 제때
- □ 산더미
- □ 무작정
- □ 고려하다
- □ 학업
- □ 즉각적
- □ 분수
- □ 예
- □ 빠듯하다
- □ 정작
- □ 해당되다
- □ 이른바
- □ 빚
- □ 진정
- □ 이왕
- □ 아예

부록

Appendix

1단원 | 만남과 시작

3 학생 A와 B가 되어 '-(으)ㄴ/는 셈이다'를 사용해 말해 보세요. 그리고 친구의 대답을 듣고 ✓표 해 보세요.

학생 B

학생 A p. 24 >

질문하세요!

취미 생활	따져 본 결과	
(5) 음악을 많이 들어요?	□ 오후 내내	□ 거의 하루 종일
(6) 얼마나 자주 등산을 해요?	□ 한 달에 한 번	□ 한 달에 두 번
(7) 언제부터 태권도를 배웠어요?	□ 1년 넘게	□ 1년 가까이
(8) 이 사이트에서 영화 한 편에 얼마예요?	□ 오천 원	□ 거의 무료

대답하세요!

한국 생활	따져 본 결과	
(1) 평일에는 6시간쯤 자고 주말에는 8시간쯤 자다	☑ 7시간 정도	□ 8시간 이상
(2) 명절하고 부모님 생신에 갔다	□ 1년에 한두 번	☑ 1년에 서너 번
(3) 한 달에 35만 원 정도 들다	□ 하루에 만 원 미만	☑ 하루에 만 원 이상
(4) 관리비까지 포함해서 월 40만 원이다	□ 가격이 비싸다	☑ 비교적 저렴하다

A 하루에 평균 몇 시간 자요?

B 평일에는 6시간쯤 자고 주말에는 8시간쯤 자니까 하루에 7시간 정도 자는 셈이에요.

2단원 | 즐거운 여가 생활

3 학생 A와 B가 되어 '-(ㄴ/는)다면서요?'를 사용해 말해 보세요. 그리고 친구의 대답을 듣고 O, X표 해 보세요.

학생 B

학생 A p. 44 >

[확인하려는 정보] 질문하세요!

	사실 여부
(5) 그 가게 커피가 그렇게 싸요?	
(6) 이번 여름 방학은 작년보다 길어요?	
(7) 지난 학기에 쇼타가 장학금을 받았어요?	
(8) 복권 1등 당첨자가 당첨금 전액을 기부했어요?	

[아는 사실] 대답하세요!

(1)

(2)

(3)

(4)

A 문화 수업 날짜가 연기됐다면서요?

B 네. 선생님께서 문화 수업이 다음 주로 연기됐다고 하셨어요.

3 다음을 보고 의미를 추측해서 맞는 것에 ✓표 하세요. 학생 A와 B가 되어 '(이)란'을 사용해 말해 보세요.

학생 B

학생 A p. 78 >

질문하세요!

어휘	의미
(5) 수능	□ 과목 중에서 특히 수학을 잘 풀 수 있는 능력 □ 대학에서 공부할 수 있는 사람을 뽑기 위한 시험
(6) 스몸비(smombie)	□ 길에서 주변을 보지 않고 스마트폰을 보며 걷는 사람 □ 다른 사람의 스마트폰에 나쁜 바이러스를 설치하는 사람
(7) 반려동물	□ 결혼을 하게 되면서 둘 중 한 명이 데려온 동물 □ 마음을 의지하기 위해 가까이 두고 기르는 동물
(8) 1인 가구	□ 집에서만 사용하는 가구 □ 함께 사는 사람이 없이 혼자 사는 가구

대답하세요!

어휘	의미
(1) 전업주부	다른 일을 하지 않고 집안일만 하는 주부
(2) 가성비	정해진 가격에서 기대할 수 있는 성능
(3) 캥거루족	어른이 되어도 부모에게서 경제적으로 독립하지 못한 사람
(4) 새집 증후군	새로 지은 집에 들어갈 때 몸에 없던 증상이 나타나는 것

A 전업주부란 다른 일을 하지 않고 집안일만 하는 주부를 말하죠?

B 네. 맞아요.

6단원 | 소비와 절약

3 학생 A와 B가 되어 질문에 대한 대답을 '-든지'를 사용해 말해 보세요. 그리고 친구의 대답을 듣고 √표 해 보세요.

학생 B

학생 A p. 132 >

질문하세요!

질문	대답		
(5) 공과금 납부 방법	□ 계좌로 보내다	□ 카드로 결제하다	□ 은행에서 납부하다
(6) 면접시험 준비 방법	□ 면접 관련 책을 읽다	□ 취직한 선배에게 묻다	□ 예상 질문 목록을 만들다
(7) 온라인 쇼핑몰 연락 방법	□ 전화를 걸다	□ 앱에서 문자로 상담하다	□ 고객 게시판에 글을 쓰다
(8) 친구 생일 케이크 준비 방법	□ 직접 만들다	□ 빵집에서 사다	□ 전문점에서 주문 제작하다

대답하세요!

질문	대답		
(1) 저녁 식사 준비 방법	☑ 짜장면을 시키다	☑ 집에서 간단하게 먹다	□ 집 앞 식당에서 외식하다
(2) 동아리 공연 홍보 방법	☑ 초대장을 나눠 주다	□ 소셜 미디어에 올리다	☑ 포스터를 게시판에 붙이다
(3) 다툰 친구와 화해 방법	☑ 만나서 직접 사과하다	□ 문자 메시지를 보내다	☑ 사과의 이메일을 쓰다
(4) 보고서 자료 조사 방법	□ 인터넷에서 검색하다	☑ 신문 기사를 살펴보다	☑ 도서관에서 자료를 찾다

A 저녁 식사를 어떻게 준비할까요?

B 짜장면을 시키든지 집에서 간단하게 먹든지 다 괜찮아요.

듣기 지문 및 정답

1단원 | 만남과 시작

도입

1. 위칭 엘렌 씨, 저 이번 학기에 예습, 복습도 하고 정말 열심히 공부할 거예요.
엘렌 와, 위칭 씨, 새 학기 각오가 대단한데요.

2. 안나 좌우명은 무슨 뜻이에요?
진차오 좌우명은 자기 자신에게 가르침을 주는 문구예요. 제 좌우명은 '최선을 다하자!'예요.

3. 루이즈 무슨 책을 그렇게 열심히 보고 있어요?
쇼타 이 책요? 제가 가장 좋아하는 시집이에요. 예전에는 행복하게 살고 싶다고만 생각했었는데요. 이 책을 읽으면서 진정한 행복이 뭔지 생각해 보게 됐어요.

1. B 2. C 3. A

1 처음이어서인지 긴장돼요

문법 1

1. 오늘은 이번 학기 수업 첫날이었다. **첫날이어서인지** 교실에는 일찍 온 학생들이 많았다. 친구들을 오늘 처음 만나서인지 조금 긴장됐다. 같이 수업을 들으면 더 친해질 수 있을 테니까 앞으로가 더 기대된다. 이번 학기도 즐겁게 공부할 수 있을 것 같아서 기분 좋은 첫날이었다.

3. (1) A 유미가 다른 사람 같죠?
B 네. 머리를 짧게 잘라서인지 다른 사람 같네요.

(2) A 빵이 따뜻하고 맛있죠?
B 네. 방금 구워서인지 따뜻하고 맛있네요.

(3) A 아이가 밥을 잘 못 먹죠?
B 네. 감기 때문에 입맛이 없어서인지 밥을 잘 못 먹네요.

(4) A 딸이 노래에 소질이 있죠?
B 네. 아이 아빠가 노래를 잘해서인지 노래에 소질이 있네요.

(5) A 이 옷의 디자인이 멋있죠?
B 네. 유명한 디자이너의 작품이어서인지 디자인이 멋있네요.

(6) A 마크가 요즘 모임에 안 나오죠?
B 네. 회사 일로 정신없이 바빠서인지 요즘 모임에 안 나오네요.

문법 2

1. (1) A 진차오 씨, 일주일에 며칠 운동해요?
B 월요일부터 금요일까지 5일 하니까 거의 매일 하는 셈이에요.

(2) A 안나 씨, 언제부터 기숙사에 살았어요?
B 올해 1월부터요. 지금이 5월이니까 반년 정도 산 셈이에요.

(1) ② (2) ①

3. 학생 A

질문하세요!

한국 생활	따져 본 결과	
(1) 하루에 평균 몇 시간 자요?	☑ 7시간 정도	□ 8시간 이상
(2) 작년에 고향에 얼마나 자주 갔어요?	□ 1년에 한두 번	☑ 1년에 서너 번
(3) 교통비가 하루에 얼마나 들어요?	□ 하루에 만 원 미만	☑ 하루에 만 원 이상
(4) 지금 사는 원룸은 월세가 비싸요?	□ 가격이 비싸다	☑ 비교적 저렴하다

(1) A 하루에 평균 몇 시간 자요?
B 평일에는 6시간쯤 자고 주말에는 8시간쯤 자니까 하루에 7시간 정도 자는 셈이에요.

(2) A 작년에 고향에 얼마나 자주 갔어요?
B 명절하고 부모님 생신에 갔으니까 1년에 서너 번 간 셈이에요.

(3) A 교통비가 하루에 얼마나 들어요?
B 한 달에 35만 원 정도 드니까 하루에 만 원 이상 드는 셈이에요.

(4) A 지금 사는 원룸은 월세가 비싸요?
B 관리비까지 포함해서 월 40만 원이니까 비교적 저렴한 셈이에요.

학생 B

질문하세요!

취미 생활	따져 본 결과	
(5) 음악을 많이 들어요?	□ 오후 내내	☑ 거의 하루 종일
(6) 얼마나 자주 등산을 해요?	□ 한 달에 한 번	☑ 한 달에 두 번
(7) 언제부터 태권도를 배웠어요?	☑ 1년 넘게	□ 1년 가까이
(8) 이 사이트에서 영화 한 편에 얼마예요?	□ 오천 원	☑ 거의 무료

(5) B 음악을 많이 들어요?
A 집에서는 항상 음악을 들으니까 거의 하루 종일 듣는 셈이에요.

(6) B 얼마나 자주 등산을 해요?
A 2주에 한 번 등산하러 가니까 한 달에 두 번 등산하는 셈이에요.

(7) B 언제부터 태권도를 배웠어요?
A 작년 1월부터 배웠으니까 1년 넘게 배운 셈이에요.

(8) B 이 사이트에서 영화 한 편에 얼마예요?
A 가입할 때 가입비 오천 원만 내면 되니까 거의 무료인 셈이에요.

듣기

2. 조슈아 안녕하세요? 전 조슈아예요. 반가워요.
메이 안녕하세요? 메이라고 해요. 이번 학기부터 한국어를 공부하는데요. 한국에서 배우는 게 처음이라서 정말 기대돼요.
조슈아 이번 학기가 처음이군요. 그럼 전에는 한국어를 어디에서 배웠어요?
메이 일본 대학교에서 2년 정도 공부했어요. 조슈아 씨는 한국어를 배운 지 얼마나 됐어요?
조슈아 한국에서 1급부터 배웠으니까 이제 배운 지 10개월이 된 셈이에요. 한국어 공부를 시작한 게 엊그제 같은데 벌써 4급이라니 실감이 안 나요.
메이 전 한국에서 공부하는 게 처음이어서인지 너무 긴장되고 4급 수업을 잘 따라갈 수 있을지 걱정돼요.
조슈아 저도 마찬가지예요. 좀 걱정스럽기는 하지만 성실하게 수업을 잘 들으면 그렇게 어렵지 않을 거예요. 특히 전 쓰기가 어려운데 이번 학기에는 쓰기 연습을 많이 하려고요.
메이 저도 한국 사람처럼 말할 수 있게 수업 시간에 말하기 연습도 열심히 하고 발표도 많이 할 생각이에요.
조슈아 그래요. 메이 씨, 우리 이번 학기 같이 열심히 공부해요.

(1) ② (2) ③ (3) ③

2 지금까지 했듯이 열심히 하면 될 거예요

문법 3

3. (1) A 그 사람이 돈을 펑펑 써요?
B 네. 돈을 물 쓰듯이 써요.

(2) A 친구한테 화가 좀 풀렸어요?
B 네. 눈 녹듯이 화가 풀렸어요.

(3) A 아이가 땀을 많이 흘리고 있어요?
B 네. 비 오듯이 땀을 흘리고 있어요.

(4) A 말하기 대회가 잘 진행되고 있어요?
B 네. 물 흐르듯이 진행되고 있어요.

(5) A 그 사람이 요즘도 거짓말을 자주 해요?
B 네. 밥 먹듯이 거짓말을 해요.

(6) A 그 사람이 백화점에 쇼핑하러 자주 가요?
B 네. 제집 드나들듯이 백화점에 쇼핑하러 가요.

듣고 쓰기

2. 리포터 여기는 퇴근 시간 강남역 앞입니다. 내일이 성년의 날인데요. 올해 성년이 되는 스무 살 젊은이들에게 20대를 어떻게 보내는 게 좋은지 조언을 한다면 여러분은 어떤 말을 해 주고 싶으십니까? 어떤 조언을 해 주고 싶은지 20대를 지낸 30대 분들에게 들어 보겠습니다.

남자 아, 스무 살 젊은이에게요? 글쎄요. 전 다양한 경험을 쌓으라고 말씀드리고 싶어요. 20대의 경험이 자기만의 재산이 되는 셈이거든요. 제가 광고 회사에서 10년째 일하고 있는데요. 20대에 한 연애, 여행, 아르바이트 경험 같은 게 광고를 기획하거나 아이디어를 내야 할 때 굉장히 도움이 돼요.

여자 저는 다니던 회사를 그만두고 작년부터 카페를 운영하고 있는데요. 회사에서 일할 때는 잘 몰랐는데 직접 운영해 보니까 돈 관리가 참 중요한 것 같아요. 다 자기가 알아서 해야 하니까요. 전 20대부터 돈 관리하는 습관을 꼭 기르라고 말해 주고 싶어요.

리포터 네. 옷을 입을 때 첫 단추를 잘 끼워야 하듯이 인생에서도 시작을 잘하는 것이 중요할 텐데요. 다양한 경험을 쌓는 것에서부터 스스로 돈 관리하는 것까지, 올해 성년이 되는 스무 살 젊은이들이 첫 시작을 잘해서 의미 있는 20대를 보냈으면 좋겠습니다. 지금까지 김주하였습니다.

(2) 1) 다양한 경험을 쌓으라고 했어요. 20대의 경험이 자기만의 재산이 되는 셈이거든요.

2) ①

3) 옷을 입을 때 첫 단추를 잘 끼우는 것이 중요하듯이 인생에서도 시작을 잘하는 것이 중요하다고 했어요.

3. (2) (예시)

내일은 성년의 날이에요. 리포터가 올해 성년이 되는 스무 살 젊은이들에게 20대를 어떻게 보내는 게 좋은지 조언을 한다면 어떤 말을 해 주고 싶냐고 30대 분들에게 물어봤어요. 남자는 20대의 경험이 큰 재산이 되는 셈이니까 다양한 경험을 쌓으라고 했어요. 광고 회사에 다니는데 20대에 한 경험이 일할 때 도움이 된다고 했어요. 여자는 카페를 운영한다고 했어요. 돈 관리가 중요하니까 돈 관리하는 습관을 기르라고 했어요. 리포터는 옷을 입을 때 첫 단추를 잘 끼워야 하듯이 스무 살 젊은이들이 첫 시작을 잘해서 의미 있는 20대를 보냈으면 좋겠다고 했어요.

읽고 말하기

2.

Q 인생에서 가장 중요하다고 생각하는 것이 뭐예요?

A 꿈을 향한 도전이 가장 중요해요.

Q 어떤 유명인의, 어떤 말을 좌우명으로 삼고 싶어요?

A 현대그룹을 세운 정주영이 말한 '어려움은 있어도 실패는 없다.'는 말을 좌우명으로 삼고 싶어요.

Q 이 좌우명의 의미가 뭐예요?

A 어려움을 만나도 실패라고 생각하지 말고 계속 도전하라는 의미가 담겨 있어요.

Q 이 좌우명이 앞으로 여러분에게 어떤 도움을 줄 것 같아요?

A 꿈을 향해 가는 길에 어려움이 있어도 포기하지 않도록 힘이 되어 줄 것 같아요.

3 꿈을 꾸며 살아야 합니다

어휘와 표현 2

2. (1) 길을 그대로 따라가기로

(2) 따뜻한 마음으로 도우면서

(3) 생각을 바꾸도록

(4) 생각하는 범위가 넓어지도록

(5) 삶에 도움이 되는 가르침을 찾을

문법 4

1. A 오늘 강연을 해 주실 분은 어떤 분이십니까?
   B 네. 한국의 대표적인 영화 〈사랑과 우정〉을 연출하셨으며 현재는 한국예술대학교 교수로 계신 김민우 감독님이십니다.

   (1), (3)

3. (1) A 인생을 어떻게 살아야 한다고 생각해요?
   B 저는 꿈을 꾸며 살아야 한다고 생각해요. 꿈이 있어야 발전할 수 있으니까요.

   (2) A 인생을 어떻게 살아야 한다고 생각해요?
   B 저는 평생 배우며 살아야 한다고 생각해요.

   (3) A 인생을 어떻게 살아야 한다고 생각해요?
   B 저는 힘들어도 웃으며 살아야 한다고 생각해요.

   (4) A 인생을 어떻게 살아야 한다고 생각해요?
   B 저는 건강 관리를 잘하며 살아야 한다고 생각해요.

   (5) A 인생을 어떻게 살아야 한다고 생각해요?
   B 저는 다른 사람에게 베풀며 살아야 한다고 생각해요.

   (6) A 인생을 어떻게 살아야 한다고 생각해요?
   B 저는 서로 아끼고 사랑하며 살아야 한다고 생각해요.

읽고 쓰기

2.

표현	의미
① 그것	다른 사람의 마음이나 상황에 관심이 없는 것
② 그	이 시대에 가장 똑똑하다고 불리던 분
③ 이 시대	요즘처럼 바쁜 시대
④ 이 만남	『이어령의 마지막 수업』이라는 책을 읽게 된 것

3. (1) ①
   (2) ①
   (3) ③
   (4) 피땀: 목표를 향한 노력과 정성
   다른 사람을 위한 눈물 한 방울: 다른 사람을 향한 이해와 공감

2단원 | 즐거운 여가 생활

도입

1. 쇼타 진영 씨는 바쁘지 않을 때 뭐 해요?
   진영 저는 한강 공원에 가서 조깅해요. 조깅을 하면 할 때마다 몸이 더 건강해지는 게 느껴져서 기분이 좋아요.

2. 상우 루이즈 씨, 이거 무슨 사진이에요? 어디에 쌀을 기부했어요?
   루이즈 어려운 사람을 돕는 곳에 기부했어요. 제가 좋아하는 배우가 지난주에 생일이었거든요. 그래서 우리 팬클럽에서 그 배우 이름으로 기부한 거예요.

3. 유나 마테오 씨, 여행 좋아하죠? 바다에서 해 뜨는 걸 제대로 본 적이 있어요?
   마테오 네. 작년에 친구하고 강릉에 놀러 갔다가 봤어요. 눈앞에서 그렇게 큰 해가 뜨는 걸 보니까 정말 신기했어요.

1. B 2. A 3. C

1 발레를 배우기 시작했다면서요?

어휘와 표현 1

2. (1) A 엘렌 씨, 아까 요가 수업 때 보니까 정말 잘하던데요. 다리를 어떻게 그렇게 높이 올릴 수 있어요? 저는 아무리 해도 반밖에 안 올라가요.
   B 저도 처음엔 힘들었어요. 다샤 씨도 꾸준히 연습하면 다리를 높이 올릴 수 있을 거예요.

   (2) A 위칭 씨, 방학 때 뭐 했어요?
   B 가죽으로 지갑을 만드는 수업을 신청해서 들었어요. 이게 그 수업에서 만든 지갑이에요. 예쁘죠?

(3) A 안나, 너 배우 박연수 팬이지? 어떤 점이 제일 좋아?
B 연기도 잘하지만 인터넷에서 팬들에게 자신의 일상에 대해 말하고 여러 주제에 대해 서로 이야기를 나누니까 친한 언니 같아서 좋아.

(4) A 유나 씨, 케이팝 동호회는 어때요? 재미있어요?
B 네. 케이팝에 대해 가지고 있는 생각이나 느끼는 게 저랑 비슷한 사람들이 모여서인지 동호회 사람들과 이야기가 잘 통해서 즐거워요.

(5) A 진영 씨, 아까 전화할 때 조카가 많이 우는 거 같았는데 괜찮아요?
B 네. 조카가 낮잠 자고 일어났는데 엄마가 안 보여서 조금 불안했나 봐요. 그런데 우리 언니가 와서 안아 주니까 엄마 얼굴을 보고 바로 울음을 그쳤어요. 마음이 편안해졌나 봐요.

(1) 몸이 유연해진
(2) 공예 강좌를 수강했어요
(3) 사람들과 소통하는
(4) 공감대를 형성할
(5) 안정감을 느껴서인지 / 안정감을 느껴서

문법 1

1. (1) A 진차오 씨, 쇼타한테서 들었는데 요즘 유명 맛집을 소개하는 영상을 찍는다면서요?
B 네. 위칭 씨. 영상을 찍어서 소셜 미디어(social media)에 올리고 있어요.

(2) A 안나 씨, 어제 수업에 지각했다면서요?
B 어? 올리버 씨, 그걸 어떻게 알았어요? 어제 올리버 씨는 학교에 안 왔잖아요.

(1) ② (2) ②

3. 학생 A

[확인하려는 정보] 질문하세요!

	사실 여부
(1) 문화 수업 날짜가 연기됐어요?	○
(2) 내일 기온이 영하 10도예요?	×
(3) 쇼타보다 쇼타의 동생이 키가 더 커요?	×
(4) 가수 김지훈이 다음 달에 입대할 거예요?	○

(1) A 문화 수업 날짜가 연기됐다면서요?
B 네. 선생님께서 문화 수업이 다음 주로 연기됐다고 하셨어요.

(2) A 내일 기온이 영하 10도라면서요?
B 아니요. 다음 주말부터 기온이 영하 10도로 떨어진다고 했어요. / 아니요. 다음 주말부터 기온이 영하 10도로 떨어질 거라고 했어요.

(3) A 쇼타보다 쇼타의 동생이 키가 더 크다면서요?
B 아니요. 쇼타보다 작아요.

(4) A 가수 김지훈이 다음 달에 입대할 거라면서요?
B 네. 다음 달에 입대한다고 했어요. / 네. 다음 달에 입대할 거라고 했어요.

학생 B

[확인하려는 정보] 질문하세요!

	사실 여부
(5) 그 가게 커피가 그렇게 싸요?	×
(6) 이번 여름 방학은 작년보다 길어요?	○
(7) 지난 학기에 쇼타가 장학금을 받았어요?	×
(8) 복권 1등 당첨자가 당첨금 전액을 기부했어요?	○

(5) B 그 가게 커피가 그렇게 싸다면서요?
A 아니요. 비싸요. 커피가 한 잔에 12,000원이나 해요.

(6) B 이번 여름 방학은 작년보다 길다면서요?
A 네. 진차오가 이번 여름 방학은 5일이나 더 길다고 했어요. / 네. 진차오가 이번 여름 방학은 5일이나 더 길 거라고 했어요.

(7) B 지난 학기에 쇼타가 장학금을 받았다면서요?
A 아니요. 엘렌이 받았어요.

(8) B 복권 1등 당첨자가 당첨금 전액을 기부했다면서요?
A 네. 복권 1등 당첨자가 당첨금 전액을 기부했다고 했어요.

문법 2

3. (1) A 서울 생활은 어때요?
B 물가가 어찌나 비싼지 생활비가 너무 많이 들어요.

(2) A 서울 생활은 어때요?
B 교통이 어찌나 편리한지 서울에서 어디든지 가기 편해요.

(3) A 서울 생활은 어때요?
B 한국 친구들이 어찌나 바쁘게 사는지 주말이 아니면 만나기 힘들어요.

(4) A 새로 옮긴 회사는 어때요?
B 월급이 어찌나 적은지 돈을 모으는 건 꿈도 못 꿔요.

(5) A 새로 옮긴 회사는 어때요?
B 출근 시간이 어찌나 이른지 매일 새벽같이 집에서 나와야 해요.

(6) A 새로 옮긴 회사는 어때요?
B 회사 분위기가 어찌나 자유로운지 반바지를 입고 오는 사람도 있어요.

듣기

2.
유나 마테오, 오늘 생일이라면서? 생일 축하해! 자, 이거 내가 주는 선물이야.
마테오 와. 고마워. 컵이네! 너무 멋지다.
유나 마음에 들어서 다행이다.
마테오 안 그래도 나도 요즘 이런 도자기에 관심이 생겨서 몇 개 사고 싶었거든. 어디서 샀어?
유나 아, 그거 내가 만든 거야. 두 달 전부터 그릇을 만드는 도자기 공예 강좌를 수강하고 있거든. 너한테 좀 특별한 걸 선물하고 싶어서 수업 시간에 만들었어.
마테오 직접 만든 거라고? 어쩐지 모양이 흔하지 않아 보였어. 내 주변에는 도자기를 빚는 사람이 별로 없는데 수업 들으러 오는 사람이 많아?
유나 응. 도자기 공예에 관심이 있는 사람이 어찌나 많은지 이 강좌를 수강하려면 세 달 전에 미리 예약해야 돼. 전부터 도자기를 빚어 보고 싶었는데 직접 해 보니까 너무 재밌어.
마테오 그렇구나. 세상에 딱 하나밖에 없는 그릇을 만드는 거잖아.
유나 맞아. 그리고 무엇보다 스트레스로 힘들 때 도자기를 빚고 있으면 다른 생각이 안 나고 그 일에만 집중할 수 있어서 좋아. 너도 관심 있으면 해 봐.

(1) ③ (2) ① (3) ③

2 편지도 주고 같이 사진도 찍고 해서 좋았어요

문법 3

1. 나는 위칭과 가장 친하다. 우리는 같은 반에서 한국어 수업을 <u>듣고 있어서</u> 자연스럽게 가까워졌다. 또 위칭과 같은 가수를 <u>좋아하기 때문에</u> 나눌 이야기도 많을 뿐만 아니라 마음도 잘 <u>통하고 해서</u> 친한 친구가 되었다. 무엇보다 힘들 때 위칭이 항상 내 이야기를 잘 <u>**들어 주고 해서**</u> 나는 위칭이 좋다.

3. (1) A 머리를 자르려고 해요?
B 네. 스타일도 바꾸고 싶고 해서 머리를 자르려고요.

(2) A 약속을 취소했어요?
B 네. 숙제도 많고 해서 약속을 취소했어요. /
네. 머리도 아프고 해서 약속을 취소했어요.

(3) A 해외여행을 가려고 해요?
B 네. 적금도 탔고 해서 해외여행을 가려고요. /
네. 오랫동안 여행도 못 갔고 해서 해외여행을 가려고요.

(4) A 밤늦게까지 게임을 했어요?
B 네. 시험도 끝났고 해서 밤늦게까지 게임을 했어요. /
네. 내일이 토요일이고 해서 밤늦게까지 게임을 했어요.

(5) A 오늘 아침에 조깅을 했어요?
B 네. 공원도 집에서 가깝고 해서 오늘 아침에 조깅을 했어요. / 네. 친구도 같이 하자고 하고 해서 오늘 아침에 조깅을 했어요.

(6) A 동호회 활동을 해 보려고 해요?
B 네. 한국 생활도 외롭고 해서 동호회 활동을 해 보려고요. / 네. 주말에 한가하고 해서 동호회 활동을 해 보려고요.

듣고 쓰기

2.

상우	안나야, 네 블로그 봤는데 배우 박연수랑 언제 사진을 찍은 거야?
안나	아, 지난 주말에 박연수 팬 미팅에 갔었거든. 그때 찍은 거야.
상우	와. 부럽다. 난 팬 미팅은 한 번도 가 본 적이 없는데. 넌 자주 다녀?
안나	아니야. 이번에 처음 갔어. 내가 워낙 그 배우 작품도 좋아하고 그날 마침 시간도 있고 해서 예매해서 갔는데 생각보다 훨씬 좋았어.
상우	그렇구나. 팬 미팅에 가면 뭐 해?
안나	그동안 박연수가 출연한 작품에 대해 이야기도 하고 게임도 했는데 어찌나 재미있는지 시간이 너무 빨리 갔어. 그리고 이번에 팬 미팅에 못 온 사람들과 소통하기 위해 팬 미팅을 실시간으로 방송도 해서 너무 신기했어.
상우	사람들도 많았을 텐데 박연수랑 단둘이 사진을 찍을 시간도 있었어?
안나	행사 마지막에 박연수가 팬들의 사연을 몇 개 뽑아서 소개하는 시간이 있었는데 운 좋게 내 사연이 뽑힌 거야. 그래서 박연수가 나를 무대 위로 불러서 내 고민도 들어 주고 같이 사진도 찍었어. 그때 얼마나 행복했는지 몰라.
상우	와. 정말 좋았겠다. 나도 요즘 김지훈 노래가 좋아서 자주 듣는데. 다음에 기회가 되면 김지훈 팬 미팅에 한번 가 봐야겠다.

(2) 1) 그 배우 작품도 좋아하고 그날 마침 시간도 있고 해서 예매해서 갔어요.
2) 그동안 박연수가 출연한 작품에 대해 이야기도 하고 게임도 했는데 너무 재미있어서 시간이 빨리 갔다고 느꼈어요.
3) ①

3. (2) (예시)

상우는 안나의 블로그에서 안나가 배우 박연수와 같이 찍은 사진을 봤어요. 안나는 지난 주말에 박연수 팬 미팅에 가서 박연수와 사진을 찍었어요. 팬 미팅에 간 건 이번이 처음인데 평소에 박연수의 작품도 좋아하고 그날 시간도 있고 해서 갔어요. 팬 미팅에서 박연수가 그동안 출연한 작품에 대해 이야기도 하고 게임도 했는데 어찌나 재미있는지 시간이 빨리 갔어요. 팬 미팅에 못 온 사람들과 소통하기 위해 팬 미팅을 실시간으로 방송도 해서 신기했어요. 그리고 박연수가 팬들의 사연을 뽑아서 소개하는 시간이 있었는데 안나의 사연이 뽑혔어요. 박연수가 안나를 무대로 불러서 고민도 들어 주고 사진도 찍어 줘서 안나는 정말 행복했어요.

읽고 말하기

2.

Q 어머니가 김지훈의 팬이 되기 전에 어떤 일이 있었어요?

A 어머니가 내가 가수를 좋아하는 걸 이해하지 못해서 말이 잘 안 통했어요. 고등학생 때 옆 도시에서 콘서트를 했는데 거리도 가깝고 해서 보러 갔다가 어머니에게 혼난 적도 있어요.

Q 어떤 일을 계기로 어머니가 김지훈의 팬이 되었어요?

A 어느 날 어머니가 김지훈의 노래를 들었는데 그때 지금까지 살아온 인생에 대해 김지훈의 따뜻한 목소리와 노래 가사가 고생했다고 말해 주는 것 같다고 느껴서 팬이 됐어요.

Q 김지훈의 팬이 된 후에 어머니와 나는 무엇이 달라졌어요?

A 나도 김지훈이 좋아져서 팬이 됐고 김지훈에 대해 어머니와 나눌 수 있는 이야깃거리도 많아졌어요. 김지훈 덕분에 어머니와 공감대가 형성됐어요.

3 산이면 산, 바다면 바다 아름답지 않은 곳이 없어요

어휘와 표현 2

2. (1) 온통 빨갛게 변해
(2) 주변이 다 산이에요
(3) 산 위로 해가 올라와서
(4) 그 사람 생각만 했어요
(5) 복잡한 마음이 가라앉아서

문법 4

1. A 마테오 씨, 부산에 다녀왔다면서요? 뭐가 제일 좋았어요?
B 제일요? 글쎄요. 바다면 바다, 쇼핑이면 쇼핑 다 좋았어요.

(1), (3)

3. (1) A 올리버는 운동을 잘해요?
B 네. 농구면 농구, 수영이면 수영 다 잘해요.

(2) A 그 영화 좋았어요?
B 네. 영상이면 영상, 시나리오면 시나리오 다 좋았어요.

(3) A 그 식당이 그렇게 별로예요?
B 네. 맛이면 맛, 서비스면 서비스 다 별로예요.

(4) A 그 가수는 못하는 게 없죠?
B 네. 춤이면 춤, 노래면 노래, 연기면 연기 다 잘해요.

(5) A 그 숙소 괜찮았어요?
B 네. 위치면 위치, 시설이면 시설, 주변 경치면 주변 경치 다 괜찮았어요.

(6) A 한국어가 어려워요?
B 네. 발음이면 발음, 문법이면 문법, 단어면 단어 다 어려워요.

읽고 쓰기

2.

외부 모습을 묘사한 내용	• 네모난 상자 위에 지붕만 하나 얹어 놓았다. • 세련된 외관을 기대했는데 창고 같았다. • 1층에 입구가 없었다.

3. (1) ① (2) ①
(3) 제주추사관에 들어가려면 건물 밖에 있는 계단을 따라 지하 1층으로 내려가야 해요.
(4) ②

3단원 | 변화하는 사회

도입

1. 여자1 저는 전화가 편한데 우리 아이는 전화하지 않고 매번 왜 문자를 보내는지 모르겠어요.
여자2 우리 아이도 그래요. 요즘 애들은 부모하고도 문자가 더 편하다니 이해가 안 돼요.

2. 쇼타 가게나 식당에 가면 직원이 주문을 받지 않고 기계로 주문하는 곳이 많아졌죠?
위칭 네. 심지어 편의점, 세탁소 같은 곳엔 아예 사람이 없는 무인 가게도 늘었어요.

3. 조슈아 요즘 미래보다 지금의 행복을 더 중요하게 생각하는 사람들이 많아지고 있는 것 같아요.
진영 맞아요. 그래서 제 주변에도 외국어를 배우거나 자신의 능력을 키우기보다 사고 싶은 걸 사거나 하고 싶은 걸 하는 사람이 많아졌어요.

1. B 2. C 3. A

1 시간이 지날수록 세대 차이를 느껴요

어휘와 표현 1

2. (1) 생각을 분명하게
(2) 혼자인 것 같은 기분이 들어
(3) 서로 다른 생각을 이해하고
(4) 남과 다른 뚜렷한 특징이 있는
(5) 안 좋은 생각을 이미 했는지

문법 1

1. (1) A 음식이 정말 맛있네요. 위칭 씨는 원래 요리를 잘했어요?
B 아니요. 처음엔 너무 맛이 없었어요. 그런데 자꾸 하니까 음식을 만들수록 요리 실력이 좋아졌어요.

(2) A 올리버 씨는 회사에서 여자 친구를 처음 만났죠? 보자마자 여자 친구가 마음에 들었어요?
B 그렇지는 않았어요. 같이 일하면서 서로 이야기할 기회가 많았는데 이야기할수록 말이 잘 통해서 사귀기 시작했어요.

(1) ② (2) ②

3. (1) A 깎을수록 작아지는 것은 뭘까요?
B 깎으면 깎을수록 작아지는 것은 연필이에요.

(2) A 먹을수록 많아지는 것은 뭘까요?
B 먹으면 먹을수록 많아지는 것은 나이예요.

(3) A 많이 맞을수록 좋은 것은 뭘까요?
B 많이 맞으면 맞을수록 좋은 것은 시험 문제예요.

(4) A 닦을수록 더러워지는 것은 뭘까요?
B 닦으면 닦을수록 더러워지는 것은 걸레예요.

(5) A 클수록 가벼워지는 것은 뭘까요?
B 크면 클수록 가벼워지는 것은 풍선이에요.

(6) A 어두울수록 잘 보이는 것은 뭘까요?
B 어두우면 어두울수록 잘 보이는 것은 별이에요.

문법 2

1. 우리 반 친구들은 처음 만났을 때와 많이 달라졌다. 처음 다샤를 봤을 때 다샤는 별로 말이 없었는데 지금은 말이 많아졌다. 그리고 조슈아는 예전에는 학교에 늦게 **오더니** 요즘은 일찍 온다. 또 마테오는 머리가 길었지만 지금은 짧아졌다. 안나는 쉬는 시간에 음악을 많이 듣더니 요즘 피곤해서인지 음악도 듣지 않고 계속 잔다.

3. (1) A 이 식당도 전과 많이 달라졌죠?
B 네. 예전에는 사람이 별로 없더니 요즘은 식당 앞에 사람들이 계속 줄을 서 있어요.

(2) A 이 식당도 전과 많이 달라졌죠?
B 네. 예전에는 음식이 싸고 맛있더니 요즘은 음식 가격도 많이 오르고 맛도 별로예요.

(3) A 이 식당도 전과 많이 달라졌죠?
B 네. 예전에는 옆 테이블의 이야기가 들릴 만큼 좁더니 요즘은 내부도 넓어지고 밝아졌어요.

(4) A 위칭도 많이 변했죠?
B 네. 예전에는 외식을 좋아하더니 요즘은 집에서 자주 요리해요.

(5) A 위칭도 많이 변했죠?
B 네. 예전에는 대학원에 진학하고 싶다고 하더니 요즘은 한국에서 취업하고 싶어 해요.

(6) A 위칭도 많이 변했죠?
B 네. 예전에는 수업 후에 도서관에 가서 책을 열심히 읽더니 요즘은 책보다 동영상을 즐겨 봐요.

듣기

2. 올리버 유나 씨, 무슨 노래를 듣고 있어요?
유나 〈푸른 봄〉이라는 노래인데 들을수록 좋은 것 같아요.
올리버 누구의 〈푸른 봄〉요? 예전에 나온 이준의 노래요, 아니면 이번에 새로 나온 김지훈의 노래요?
유나 김지훈 신곡요. 어제 엄마하고도 똑같은 일이 있었는데요. 엄마한테 〈푸른 봄〉이라는 노래를 아시냐고 물으니까 엄마가 노래 제목을 듣더니 이준의 노래가 아니냐고 하셨어요. 그 말을 듣고 순간 엄마와 세대 차이를 느꼈어요.
올리버 그랬군요. 유나 씨는 엄마랑 나이 차이가 나니까 세대 차이를 느낄 수 있지만 전 몇 살 차이 안 나는 신입 사원들하고도 세대 차이를 느낄 때가 있어요.
유나 정말요? 언제 그런데요?

올리버　제가 신입 사원일 때는 팀원들이나 동료들과 거의 매일 같이 점심을 먹었어요. 그리고 둘이 먹을 때는 한 사람이 밥을 사면 다른 사람이 커피를 샀고요.
유나　그런데 요즘엔요?
올리버　요즘 신입 사원들은 같이 식사한 후에 제가 계산한다고 하면 각자 계산하자고 해요. 그리고 점심을 먹으러 가자고 하면 따로 먹겠다고 할 때도 있고요. 자유 시간인 점심시간을 방해받고 싶지 않아서 그런 것 같아요.

(1) ①　(2) ③　(3) ①

2 전에 말한 대로 사라진 것도 많아요

문법 3

1. A 제가 바닷가에 가고 싶은데요. 패키지여행인 건 알지만 일정 중 하루만 따로 바닷가에 가도 될까요?
   B 손님, 죄송하지만 다른 분과 같이 정해진 대로 다니셔야 됩니다. 그리고 마지막 날에 저희도 바닷가에 갈 겁니다.

   (2)

3. (1) A 어떻게 이 곡을 연주해야 하는지 모르겠어요.
   B 선생님이 피아노를 치는 대로 똑같이 치면 돼요.

   (2) A 어떻게 만두를 빚어야 하는지 모르겠어요.
   B 어머니가 만드는 대로 따라서 빚으면 돼요.

   (3) A 어떻게 한복을 입어야 하는지 모르겠어요.
   B 가게 직원이 알려 준 대로 한복을 입으면 돼요.

   (4) A 어떻게 블로그에 글을 작성해야 하는지 모르겠어요.
   B 그냥 쓰고 싶은 대로 자유롭게 글을 쓰면 돼요.

   (5) A 어떻게 플라스틱 쓰레기를 버려야 하는지 모르겠어요.
   B 안내문에 적혀 있는 대로 저기에 따로 버리면 돼요.

   (6) A 어떻게 인터넷 사이트에서 산 신발을 반품해야 하는지 모르겠어요.
   B 홈페이지에 나온 대로 반품 신청하고 물건을 보내면 돼요.

듣고 쓰기

2. 쇼타　진영 씨, 이 편지 누구한테 온 거예요?
진영　어렸을 때 친구들한테 받은 거예요. 어제 책상을 정리하다가 우연히 편지를 찾았어요.
쇼타　그렇군요. 편지에 재미있는 이야기가 있었어요?
진영　네. 그때 친구들과 편지로 서로의 마음을 전했다는 게 새삼스럽네요. 요즘엔 편지를 잘 안 쓰잖아요. 그래서인지 편지를 읽을수록 그때가 더 생각나고 그립네요.
쇼타　생각해 보면 옛날에는 진영 씨가 말한 대로 가족이나 친구들에게 편지를 자주 썼어요.
진영　그렇죠? 그런데 요즘은 번거로워서인지 주변에 무관심해서인지 편지를 잘 쓰지 않는 것 같아요.
쇼타　네. 요즘은 휴대 전화가 있어서 필요할 때마다 원하는 대로 메시지를 보낼 수 있으니까요.
진영　맞아요. 예전에는 길거리에 우체통도 많았었는데 지금은 우체통도 찾기 어렵잖아요.
쇼타　이야기하니까 부모님께 오랜만에 편지를 써 봐야겠다는 생각이 드네요.

(2) 1) 어렸을 때 친구들과 편지로 서로의 마음을 전했다는 게 새삼스러웠고 편지를 읽을수록 그때가 더 생각나고 그립다고 생각했어요.
2) 요즘은 휴대 전화가 있어서 필요할 때마다 원하는 대로 메시지를 보낼 수 있으니까요.
3) ②

3. (2) (예시)

진영은 어렸을 때 친구들에게 받은 편지를 읽고 있어요. 진영은 어제 책상을 정리하다가 우연히 그 편지를 찾았어요. 진영은 그때 편지로 서로의 마음을 전했다는 게 새삼스러웠고 편지를 읽을수록 그때가 더 생각나고 그리웠어요. 옛날에는 사람들이 편지를 자주 썼지만 최근에는 번거로워서인지 주변에 무관심해서인지 편지를 잘 쓰지 않는 것 같아요. 요즘은 휴대전화가 있어서 필요할 때마다 원하는 대로 메시지를 보낼 수 있어서 편지를 쓰지 않아요. 그리고 예전에는 많던 우체통도 찾기 어려워요. 쇼타는 부모님께 오랜만에 편지를 써 봐야겠다고 생각했어요.

읽고 말하기

2.

사람들의 사회적 인식이 달라진 직업은 뭐예요?	안무가다.
사람들이 왜 그 직업에 관심을 갖게 됐어요?	안무가들이 출연한 프로그램이 인기를 끌면서 사람들이 관심을 갖게 되었다.
그 직업이 예전과 비교했을 때 어떻게 달라졌어요?	예전에는 안무가의 역할이 가수의 노래에 맞는 춤을 만들고 그 춤을 가수가 공연할 때 뒤에서 그들을 돋보이게 하기 위해 추는 정도였다. 하지만 요즘 안무가는 자신이 선택한 노래에 맞춰 표현하고 싶은 대로 춤을 만든다. 그리고 자신이 창작한 춤 영상을 홈페이지에 찍어 올려 다른 사람들에게 보여 준다. 또 자신의 이름으로 공연도 열고 있다.

3 행복한 삶이란 뭘까요?

어휘와 표현 2

2. (1) A 이 회사에 취직하고 싶은데 이 회사는 뭘 제일 중요하게 봐요?
B 어느 학교를 졸업했는지보다 외국어 실력, 인턴 경력과 같이 그 사람이 무엇을 잘할 수 있는지를 더 중요하게 생각하는 것 같아요.

(2) A 아까 뉴스 봤어요? 한국에서 아기를 낳는 비율이 계속 낮아지고 있대요.
B 맞아요. 작년보다 또 감소했대요.

(3) A 제 친구가 회사 일이 너무 많아서 힘들다고 했는데요. 얼마 전에 출퇴근 시간도 자유롭고 일도 전에 다니던 회사보다 많지 않은 곳으로 옮겼대요.
B 그렇군요. 요즘에는 월급이나 근무 환경 등을 생각해서 자신에게 더 좋은 곳으로 회사를 옮기는 사람이 늘고 있는 것 같아요.

(4) A 진영 씨 언니는 일찍 결혼한 편이죠?
B 네. 언니는 일 때문에 결혼을 좀 늦게 하고 싶어 했는데 형부가 빨리하자고 해서 서둘러 했어요.

(5) A 마테오 씨, 이번 발표 준비를 같이 도서관에 가서 하는 게 어때요?
B 글쎄요. 그것보단 전 혼자서 하고 싶은데요. 발표할 내용을 나눠서 각자 준비해요.

(1) 능력을 중시하는
(2) 출생률이 떨어지고
(3) 이직하는 사람이 많아지고
(4) 결혼을 늦추고
(5) 개인주의적 성향이 강해서

문법 4

3. 학생 A

질문하세요!

어휘	의미
(1) 전업주부	☐ 지금은 일을 하지만 전에는 주부인 사람 ☑ 다른 일을 하지 않고 집안일만 하는 주부
(2) 가성비	☐ 가수로 성공하기 위해 드는 비용 ☑ 정해진 가격에서 기대할 수 있는 성능
(3) 캥거루족	☐ 운동선수처럼 높이 잘 뛰는 사람 ☑ 어른이 되어도 부모에게서 경제적으로 독립하지 못한 사람
(4) 새집 증후군	☐ 새를 집에서 키우면서 몸에 이상한 증상이 생기는 것 ☑ 새로 지은 집에 들어갈 때 몸에 없던 증상이 나타나는 것

(1) A 전업주부란 다른 일을 하지 않고 집안일만 하는 주부를 말하죠?
B 네. 맞아요.

(2) A 가성비란 가수로 성공하기 위해 드는 비용을 말하죠? / 가성비란 정해진 가격에서 기대할 수 있는 성능을 말하죠?
B 아니요. 틀렸어요. / 네. 맞아요.

(3) A 캥거루족이란 운동선수처럼 높이 잘 뛰는 사람을 말하죠? / 캥거루족이란 어른이 되어도 부모에게서 경제적으로 독립하지 못한 사람을 말하죠?
B 아니요. 틀렸어요. / 네. 맞아요.

(4) A 새집 증후군이란 새를 집에서 키우면서 몸에 이상한 증상이 생기는 것을 말하죠? / 새집 증후군이란 새로 지은 집에 들어갈 때 몸에 없던 증상이 나타나는 것을 말하죠?
B 아니요. 틀렸어요. / 네. 맞아요.

학생 B

질문하세요!

어휘	의미
(5) 수능	☐ 과목 중에서 특히 수학을 잘 풀 수 있는 능력 ☑ 대학에서 공부할 수 있는 사람을 뽑기 위한 시험
(6) 스몸비(smombie)	☑ 길에서 주변을 보지 않고 스마트폰을 보며 걷는 사람 ☐ 다른 사람의 스마트폰에 나쁜 바이러스를 설치하는 사람
(7) 반려동물	☐ 결혼을 하게 되면서 둘 중 한 명이 데려온 동물 ☑ 마음을 의지하기 위해 가까이 두고 기르는 동물
(8) 1인 가구	☐ 집에서만 사용하는 가구 ☑ 함께 사는 사람이 없이 혼자 사는 가구

(5) B 수능이란 과목 중에서 특히 수학 문제를 잘 풀 수 있는 능력을 말하죠? / 수능이란 대학에서 공부할 수 있는 사람을 뽑기 위한 시험을 말하죠?
A 아니요. 틀렸어요. / 네. 맞아요.

(6) B 스몸비란 길에서 주변을 보지 않고 스마트폰을 보며 걷는 사람을 말하죠? / 스몸비란 다른 사람의 스마트폰에 나쁜 바이러스를 설치하는 사람을 말하죠?
A 네. 맞아요. / 아니요. 틀렸어요.

(7) B 반려동물이란 결혼을 하게 되면서 둘 중 한 명이 데려온 동물을 말하죠? / 반려동물이란 마음을 의지하기 위해 가까이 두고 기르는 동물을 말하죠?
A 아니요. 틀렸어요. / 네. 맞아요.

(8) B 1인 가구란 집에서만 사용하는 가구를 말하죠? / 1인 가구란 함께 사는 사람이 없이 혼자 사는 가구를 말하죠?
A 아니요. 틀렸어요. / 네. 맞아요.

읽고 쓰기

3. (1) ①
(2) ②
(3) ③
(4) 취업도 쉽지 않고 취업을 해도 그 일자리가 계속 유지될 거라는 보장이 없는 것

4단원 | 인터넷과 생활

도입

1. 루이즈 안나 씨, 그 소식 들었어요? 인터넷에서 봤는데 배우 한지은이 이혼했대요.
   안나 무슨 소리예요? 어제 남편이랑 같이 텔레비전에 나왔던데요. 누가 잘못된 정보를 올렸나 보네요.
2. 엘렌 사고 싶은 책이 하나 있는데 책값이 너무 비싸서 살까 말까 생각 중이에요.
   상우 그럼 새 책 말고 중고 책을 사면 어때요? 잘 고르면 깨끗한 책을 저렴하게 살 수 있어요. 온라인 서점에서도 중고 책을 살 수 있으니까 한번 검색해 보세요.
3. 진차오 요즘은 사람들이 텔레비전을 잘 안 보는 것 같아요.
   유나 맞아요. 요즘은 텔레비전보다 인터넷에서 자기가 보고 싶은 채널을 찾아 보는 사람이 많아요.

1. C 2. A 3. B

1 영상이 안 올라왔던데 무슨 일이 있었어요?

어휘와 표현 1

2. (1) A 진차오 씨, 학교에서 입학 안내 이메일을 받았어요?
   B 아니요. 아직 못 받았어요. 입학 안내 이메일을 받으면 바로 위칭 씨한테 알려 줄 테니까 위칭 씨도 알게 되면 저한테 연락해 주세요.

   (2) A 루이즈, 어제 동아리 신청 안 했어?
   B 응. 어제 온라인으로 신청하려고 했는데 새로 이사한 집에 아직 인터넷 연결이 안 돼서 못 했어.

   (3) A 인터넷에서 봤는데 다음 달부터 한국어능력시험이 없어진대요.
   B 말도 안 돼요. 저 다음 달에 보는 시험을 신청했는데요. 엘렌 씨, 인터넷에 있는 글은 누가 쓴 글인지, 어디에서 나온 정보인지 점검해 보는 게 좋아요.

   (4) A 가수 김지훈이 곧 활동을 다시 시작한대요?
   B 네. 김지훈이 오랜만에 소셜 미디어에 글을 썼는데 거기 보니까 앨범이 곧 나온다고 써 있었어요.

   (5) A 어머, 다샤 씨. 발표 피피티(PPT) 디자인이 정말 예쁘네요.
   B 그래요? 이거 학교 홈페이지에서 무료로 받은 거예요. 이것 말고도 디자인이 다양하니까 홈페이지에 한번 들어가 보세요.

(1) 정보를 공유할 거예요 / 정보를 공유하기로 했어요
(2) 인터넷에 접속할
(3) 정보 출처를 확인하지 않고
(4) 게시물을 올렸어요
(5) 파일을 다운로드해서

문법 1

1. A 위칭, 혹시 여기 오는 길에 진차오 못 봤어? 아까 전화했을 때 학교라고 했는데 어디에 있는지 모르겠네.
   B 진차오? 학교 정문 근처에서 동영상을 찍던데 정문 쪽으로 가 봐.

   (1)

3. (1) A 방학에 우리 같이 재미있게 할 수 있는 게 없을까?
   B 학교 앞 학원에서 실내 클라이밍을 가르쳐 주던데 실내 클라이밍을 같이 해 보자.

   (2) A 방학에 우리 같이 재미있게 할 수 있는 게 없을까?
   B 스키장이 문을 열었던데 스키장에 같이 가 보자.

   (3) A 방학에 우리 같이 재미있게 할 수 있는 게 없을까?
   B 김민우 감독의 새 영화가 개봉했던데 그 영화를 같이 보자.

   (4) A 방학에 우리 같이 재미있게 할 수 있는 게 없을까?
   B 부산 음악 축제가 이번 달까지 무료던데 음악 축제에 같이 가 보자.

(5) A 방학에 우리 같이 재미있게 할 수 있는 게 없을까?
B 요즘 이화미술관에서 하는 전시회가 유명하던데 그 전시회를 같이 보자.

(6) A 방학에 우리 같이 재미있게 할 수 있는 게 없을까?
B 백화점 문화 센터에 그림을 배울 수 있는 1일 강좌가 많던데 그림을 같이 배워 보자.

문법 2

1. 오늘 나는 조퇴를 했다. 내가 가장 좋아하는 가수의 콘서트 표를 예매하는 날이기 때문이다. 지난번에는 갑자기 급한 일이 생기는 바람에 표를 못 샀다. 그래서 오늘은 예매 사이트가 열리자마자 바로 표를 선택하고 결제 버튼을 눌렀다. 그런데 그때 갑자기 인터넷 연결이 **끊기는 바람에** 오늘도 결국 표를 사지 못했다. 사이트가 열리는 시간에 맞추느라 오늘 조퇴까지 했는데 너무 속상했다.

3. (3) A 엘렌 씨, 앞머리를 잘랐네요. 왜 앞머리를 잘랐어요?
B 머리카락에 껌이 붙는 바람에 앞머리를 잘랐어요.

(4) A 위칭 씨, 팔을 다쳤네요. 왜 팔을 다쳤어요?
B 계단에서 넘어지는 바람에 팔을 다쳤어요.

(5) A 쇼타 씨, 안경이 부러졌네요. 왜 안경이 부러졌어요?
B 교실 문에 부딪히는 바람에 안경이 부러졌어요.

(6) A 안나 씨, 책이 더러워졌네요. 왜 책이 더러워졌어요?
B 커피가 쏟아지는 바람에 책이 더러워졌어요. / 커피를 쏟는 바람에 책이 더러워졌어요.

듣기

2. 진차오 오늘 기사를 봤는데 요즘은 게임 채널이나 음악 채널, 귀여운 반려동물이 나오는 채널이 인기래요. 안나 씨도 동영상 채널을 자주 보던데 주로 뭘 봐요?
안나 저는 좋아하는 가수가 진행하는 음악 채널을 즐겨 봐요. 거기에선 초대 가수가 나와 노래도 부르고 이야기도 나누는데 여러 장르의 음악을 들을 수 있고 대화 주제도 다양해서 재미있어요.
진차오 그래요? 제가 아는 음악 채널은 주로 노래만 나오던데 거기선 이야기도 많이 하니까 한국어 공부에도 도움이 되겠네요.
안나 네. 한국 사람들이 일상적으로 사용하는 표현을 배울 수 있어서 좋아요. 일주일에 한 번 영상이 올라오는데 꼭 챙겨 봐요. 진차오 씨도 즐겨 보는 동영상 채널이 있어요?
진차오 저는 게임 채널을 자주 봐요. 거기 나오는 사람들이 게임을 잘해서 그걸 보고 있으면 스트레스가 풀려요.
안나 그렇군요. 참! 전 요즘 진차오 씨가 올리는 유학 생활 영상도 보고 있어요. 유학 생활에 도움도 되고 제가 아는 친구들 이야기도 나와서 아주 재미있어요. 그런데 지난주엔 영상이 안 올라왔던데 무슨 일이 있었어요?
진차오 아, 영상을 편집하다가 녹음이 잘못되는 바람에 못 올렸어요. 오늘 올리려고요.
안나 그랬군요. 영상 올라오면 봐야겠네요.

(1) ② (2) ③ (3) ②

2 의심이 가는 뉴스를 본다면 정보 출처를 확인하시기 바랍니다

듣고 쓰기

2. 진행자 얼마 전 대기업 회장이 사망했다는 가짜 뉴스가 문제가 됐는데요. 오늘은 가짜 뉴스 신고 센터의 이은영 팀장님을 모시고 말씀 나눠 보겠습니다. 팀장님, 가짜 뉴스가 정확하게 무엇입니까?
전문가 가짜 뉴스는 사실이 아니지만 실제 뉴스처럼 보이도록 조작한 거짓 정보를 말합니다. 주로 자기의 영상을 보게 해서 경제적 이익을 얻으려고 만드는 경우가 많죠.
진행자 이런 가짜 뉴스 때문에 피해를 보는 일도 많지 않습니까?

전문가	네. 그렇습니다. 얼마 전 한 영화배우가 도박을 했다는 가짜 뉴스가 퍼지는 바람에 그 배우가 경제적, 정신적으로 피해를 본 적이 있었어요. 또 작년에는 많은 사람들이 잘못된 독감 치료법을 따라 하는 바람에 증상이 악화된 일도 있었고요. 이처럼 가짜 뉴스 때문에 개인과 사회에 심각한 피해가 발생하고 있습니다.
진행자	요즘은 인터넷과 소셜 미디어의 발달로 누구나 쉽게 정보를 만들고 공유할 수 있어 가짜 뉴스도 늘고 있는 것 같은데요. 이 문제를 어떻게 해결해야 할까요?
전문가	먼저 정부가 관련 법을 만들어야 한다고 생각합니다. 지금 법으로 가짜 뉴스를 막지 않는다면 피해를 보는 사람이 더 급증할 겁니다.
진행자	그렇다면 우리가 각자 할 수 있는 일도 있을까요?
전문가	의심이 가는 뉴스를 본다면 먼저 정보 출처와 내용을 확인하시기 바랍니다. 누가 썼는지 확인하고 꼼꼼하게 읽어 정확한 정보인지 점검하는 습관을 가져야 합니다. 또한 다른 매체에도 같은 정보가 있는지 확인해 보는 것도 좋겠습니다.

(2) 1) 가짜 뉴스는 사실이 아니지만 실제 뉴스처럼 보이도록 조작한 거짓 정보를 말해요. 자기의 영상을 보게 해서 경제적 이익을 얻으려고 만들어요.

2) 정부가 관련 법을 만들어 가짜 뉴스를 막는다면 피해를 보는 사람이 급증하지 않을 거예요.

3) ①

3. (2) (예시)

가짜 뉴스는 사실이 아니지만 실제 뉴스처럼 보이도록 조작한 거짓 정보를 말해요. 주로 사람들이 자기의 영상을 보게 해서 경제적 이익을 얻으려고 만드는 경우가 많아요. 가짜 뉴스의 피해로는 얼마 전 한 영화배우가 도박을 했다는 가짜 뉴스가 퍼지는 바람에 그 배우가 경제적, 정신적 피해를 본 적이 있었고 작년에는 사람들이 잘못된 독감 치료법을 따라 하는 바람에 증상이 악화된 일도 있었어요. 인터넷과 소셜 미디어의 발달로 누구나 쉽게 정보를 만들고 공유할 수 있기 때문에 가짜 뉴스가 늘고 있어요. 그래서 정부는 관련 법을 만들어야 해요. 지금 법으로 가짜 뉴스를 막지 않는다면 피해를 보는 사람이 더 급증할 거예요. 우리도 각자 의심이 가는 뉴스를 본다면 정보 출처와 내용을 확인하고 다른 매체에도 같은 정보가 있는지 확인해 보는 게 좋아요.

읽고 말하기

2.

영상 시청 때문에 생긴 문제

- 공부할 때 방해를 받았다.
- 수업에 집중할 수 없었다.
- 영상을 보지 않으면 이유 없이 불안한 마음이 들었다.

↓

영상 시청 시간을 줄이는 방법

- 한 번에 다섯 개 이상 보지 않기로 규칙을 정했다.
- 숙제나 공부 할 때는 스마트폰을 꺼 놓았다.
- 길을 걸을 때는 스마트폰을 가방 안에 넣고 다녔다.
- 그림 그리는 취미 활동을 시작했다.

↓

영상 시청 시간을 줄인 후의 효과

- 공부에 집중할 수 있었다.
- 마음의 여유가 생겼다.

3 그건 거의 안 쓰다시피 했어요

어휘와 표현 2

2. (1) 지겨워요
(2) 뭔가에 찍힌
(3) 천 원이라니
(4) 새로 산 것 같아요
(5) 저렴하게 팔아 달라고

문법 4

1. (1) A 진차오 씨는 라면이나 냉동 피자 같은 걸 자주 먹네요.
B 네. 요리하기가 귀찮아서 인스턴트 음식을 매일 먹다시피 해요.

(2) A 올리버 씨, 어디 아파요? 눈이 너무 빨개요.
B 아픈 게 아니라 어제 시험공부를 하느라고 밤을 새우다시피 해서 그런 것 같아요.

(1) ② (2) ②

3. (1) A 요즘 어떻게 지내요?
B 소화가 잘 안 돼서 죽만 먹다시피 해요.

(2) A 요즘 어떻게 지내요?
B 아르바이트하느라 피곤해서 저녁에는 계속 침대에 누워 있다시피 해요.

(3) A 요즘 어떻게 지내요?
B 다음 주까지 보고서를 제출해야 돼서 요즘 매일 야근하다시피 해요.

(4) A 요즘 한국어를 어떻게 공부해요?
B 듣기를 잘하고 싶어서 한국 뉴스를 거의 매일 듣다시피 해요.

(5) A 요즘 한국어를 어떻게 공부해요?
B 친한 한국 친구가 있어서 학교에서 배운 것을 그 친구랑 매일 복습하다시피 해요.

(6) A 요즘 한국어를 어떻게 공부해요?
B 문법을 정확하게 사용하고 싶어서 요즘 문법 책에 나온 문장을 다 외우다시피 해요.

읽고 쓰기

2.

사실	의견
전통적인 시계 디자인입니다. 15g으로 가볍습니다. 시계 뒷면에 3mm 정도의 흠이 있습니다. 10만 원에 내놓았습니다. 배터리 성능은 100%입니다.	싫증이 나지 않습니다. 사용하기 무난할 겁니다. 다른 스마트워치는 차 보니까 무겁게 느껴집니다. 하루 종일 차고 있어도 전혀 불편하지 않습니다. 깨끗하게 써서 상태가 새것같이 멀쩡합니다.

3. (1) 시계 뒷면에 3mm 정도의 흠이 있어서 10만 원에 판매합니다.
(2) ③ (3) ③ (4) ①

5단원 | 명절과 축제

도입

1. 진차오 곧 우리 학교 축제죠? 축제 기간이 어떻게 되는지 알아요?
안나 이번 수요일에 시작해서 금요일에 끝나는 걸로 알고 있어요.

2. 올리버 한국의 지역 축제 중에서 어떤 게 유명해요?
진영 여름에는 충청도에서 하는 보령 머드 축제가 유명하고 겨울에는 강원도에서 하는 얼음낚시 축제가 유명해요.

3. 조슈아 추석 연휴에 텔레비전을 봤는데 사람들이 음식을 차려 놓고 절을 하는 걸 봤어요. 그건 뭐 하는 거예요?
유나 가을에 새로 추수한 걸로 음식을 만들어 돌아가신 조상님께 절하는 거예요.

1. C 2. A 3. B

1 비가 오더라도 행사는 진행될 예정이에요

어휘와 표현 1

2. (1) 고기와 채소를 샀어요
(2) 사진을 찍으면서
(3) 축제에 온 느낌이 들었어요
(4) 다음 주 토요일부터 저녁에도 문을 연대요
(5) 따로 만들었으니

문법 1

1.

등산할 때 꼭 지켜 주세요!

- 비나 눈이 오면 등산로가 미끄러우므로 등산화를 꼭 신어야 됩니다.
- 작은 실수로 산불이 발생할 수 있기 때문에 불을 절대 사용하면 안 됩니다.
- 등산로가 아닌 곳은 길이 험해서 사고 위험이 있습니다. 등산로를 이용하기 바랍니다.
- 밤에 야생동물이 자주 **나타나므로** 어두워지기 전에 산에서 내려오기 바랍니다.

3. (1) 공연 중 휴대 전화 소리가 방해가 되므로 전화를 꺼 주시기 바랍니다.
(2) 엘리베이터가 고장 났으므로 수리가 끝날 때까지 계단을 이용해 주시기 바랍니다.
(3) 수영장 바닥이 미끄러우므로 수영장에서 뛰지 마시기 바랍니다.
(4) 곧 기차가 들어올 예정이므로 뒤로 조금 물러나시기 바랍니다.
(5) 오늘 이용객이 많아 복잡하므로 놀이기구를 이용할 때 참고하시기 바랍니다.
(6) 목줄을 한 강아지만 들어올 수 있으므로 목줄을 꼭 매 주시기 바랍니다.

문법 2

1. (1) A 위칭, 내일 좀 바쁜데 반 모임에 안 가면 안 될까?
B 오랜만에 모이는데 안 오면 다들 섭섭해할 거야. 바쁘더라도 와.
(2) A 유나 씨는 집에서 밥을 혼자 먹을 때도 이렇게 잘 먹어요?
B 네. 예전에는 대충 먹었었는데 요즘은 건강을 생각해서 혼자 먹더라도 제대로 차려 먹어요.

(1) ② (2) ②

3. (1) A 요즘 창문을 잘 안 열게 돼요.
B 날씨가 춥더라도 자주 환기하세요.
(2) A 엘렌이 자꾸 돈을 빌려 달라고 해요.
B 친하더라도 친구랑 돈 거래하지 마세요.
(3) A 배우가 되고 싶은데 부모님이 반대하세요.
B 부모님이 싫다고 하시더라도 한번 시작해 보세요. / 부모님이 싫어하시더라도 한번 시작해 보세요.
(4) A 한식 요리사 자격증에 도전하는 게 망설여져요.
B 고민되더라도 자격증에 도전해 보세요.
(5) A 에어컨을 고쳐야 하는데 수리 비용이 너무 비싸요.
B 돈이 많이 들더라도 수리를 꼭 하세요.
(6) A 친구가 어제 한국에 와서 월요일에는 학교에 못 올 것 같아요.
B 친구가 왔더라도 결석하지 마세요.

듣기

2. 아나운서 안녕하세요? 학교 소식을 전해 드리는 이화방송입니다. 요즘 학교 여기저기서 축제 준비가 한창이어서 축제 분위기가 나기 시작하는데요. 5월 10일부터 12일까지 학교 축제가 열립니다. 축제 행사를 몇 가지 알려 드립니다.

먼저 외국인 유학생을 위한 '유학생의 밤' 행사가 5월 11일 목요일 오후 6시, 기숙사 앞에 있는 마당에서 열립니다. 이 행사는 우리 학교에 재학 중인 외국인 유학생을 위한 자리입니다. 간단한 식사와 함께 축하 공연, 퀴즈, 게임이 준비돼 있고 행사 후 졸업한 유학생 선배와 이야기하는 자리도 별도로 마련돼 있습니다. 이 행사는 비가 오더라도 진행될 예정입니다. 참가를 희망하는 유학생은 유학생회 홈페이지에 신청한 후 이메일로 입장권을 받으시면 됩니다.

다음은 뮤지컬 공연 소식인데요. 우리 학교 뮤지컬 동아리 '동그라미'가 작년에 공연한 〈맘마미아〉를 새롭게 만들어 공연합니다. 공연은 5월 12일 금요일 오후 2시, 6시 두 번이고 장소는 동창회관 강당입니다. 표는 동아리방에서 구입할 수 있는데 오후 5시까지만 판매하므로 참고하시기 바랍니다.

(1) ① (2) ② (3) ②

2 축제 준비가 잘되기는커녕 장소도 아직 못 정했어요

문법 3

1. A 진영 씨, 동생이랑 사니까 집안일을 나눠 할 수 있어서 좋겠어요.
   B 아니에요. 집안일을 같이하기는커녕 동생이 자기 빨래도 안 해서 제가 다 해요.

(2)

듣고 쓰기

2. 진행자 지난 4월 1일부터 지역 축제로 인천 봄꽃 축제가 열리고 있는데요. 오늘은 김수정 시장님을 모시고 이야기 나눠 보겠습니다. 시장님, 안녕하세요?

시장 안녕하세요? 인천 시장 김수정입니다.

진행자 축제가 시작된 지 한 달이 됐죠? 축제에 오는 사람들이 많다고 들었는데 많은 분들이 찾는 이유는 뭐라고 생각하십니까?

시장 여러 가지가 있겠지만 첫 번째로 꽃과 호수가 조화를 이룬 아름다운 풍경 때문일 겁니다. 경치를 감상하거나 카메라에 담으려고 오시는 분들이 많습니다. 그리고 두 번째로 산책길 중 걷기 쉬운, 장애 없는 길이 있는데요. 휠체어를 타시는 부모님이나 유모차를 탄 아이들과 같이 방문하시더라도 편하게 구경할 수 있어서 많이 찾으시는 거 같습니다. 마지막으로 주말에는 야간에도 개장을 하는데 그때 야시장에서 먹을거리를 구입해서 불꽃놀이도 즐길 수 있어서 많이 오십니다.

진행자 주말 저녁엔 야시장도 열리고 불꽃놀이도 하는군요. 그동안 날씨도 참 좋았었죠?

시장 네. 태풍이 온다고 해서 걱정했어요. 그런데 태풍이 오기는커녕 흐린 날도 며칠 없었어요.

진행자 그랬군요. 이번 축제는 언제까지인가요?

시장 5월 30일까지입니다.

진행자 한 달 정도 남았네요. 잠시 광고 듣고 말씀 계속 나누겠습니다.

(2) 1) 4월 1일부터 5월 30일까지예요.
2) ②
3) 태풍이 오기는커녕 흐린 날도 며칠 없었어요.

3. (2) (예시)

4월부터 열린 인천 봄꽃 축제에 대해 이야기하고 있어요. 이 축제를 구경하러 온 사람들이 많은 이유는 세 가지예요. 첫째 꽃과 호수가 조화를 이룬 아름다운 풍경 때문이에요. 그리고 둘째 산책길 중 걷기 쉬운, 장애가 없는 길이 있어서 휠체어나 유모차를 탄 사람과 같이 방문하더라도 편하게 구경할 수 있기 때문이에요. 마지막으로 주말에는 야간에도 개장을 하는데 그때 야시장에서 먹을거리를 구입해 불꽃놀이도 즐길 수 있기 때문이에요. 그리고 태풍이 온다고 해서 걱정했는데 태풍이 오기는커녕 흐린 날도 며칠 없었어요. 축제는 5월 30일까지 할 예정이에요.

읽고 말하기

2.

축제의 일시, 장소는 어떻게 돼요?	일시는 9월 10일(일) 오전 11시부터 오후 5시까지였고 장소는 광화문광장이었다.
어떤 프로그램이 있었어요?	외국인들이 각자 준비해 온 음식을 저렴한 가격에 판매했다. 그리고 세계 여러 나라의 전통 악기 공연과 함께 악기 연주를 직접 배워 보는 체험 활동도 마련되어 있었다.
예상되는 문제점은 무엇이었고 그 문제점을 해결하기 위해 어떤 서비스를 제공했어요?	외국인들이 한국어를 잘 못해 축제를 즐기기는 커녕 음식을 사고팔지도 못할 것 같았다. 그래서 외국어 통역 서비스를 제공했다.

3 성묘도 다녀오고 명절 음식을 먹기도 하면서 보내요

어휘와 표현 2

2. (1) A 엘렌 씨, 이 잡지에 나온 집 좀 보세요. 멋있죠?
B 우와. 집에 멋진 사진과 그림이 정말 많네요. 저도 나중에 집을 이렇게 멋있게 해 놓고 살고 싶어요.

(2) A 진영 씨, 지난주부터 쌀 모으기 행사를 하던데 그건 왜 하는 거예요?
B 설날이나 추석이 되면 주변의 어려운 이웃들을 도우려고 쌀을 모으는 거예요. 며칠 후면 설날이잖아요.

(3) A 유나 씨 집에서도 명절에 제사를 드려요?
B 네. 명절 아침이 되면 돌아가신 조상님을 위해 음식을 만들어 놓고 절해요.

(4) A 조슈아 씨, 기억에 남는 추수감사절이 있어요? 언제였어요?
B 작년 추수감사절요. 제 고향에선 매년 꽃으로 장식된 차를 타고 시내를 행진하는 행사가 있는데요. 작년에 친구들이랑 그 행사에 참여했었거든요.

(5) A 위칭, 어제 콘서트에서 무대 밑에서 불꽃이 나오면서 가수 김지훈이 등장했잖아? 그때 정말 화려하고 멋있지 않았어?
B 멋있긴 했는데 펑 터지는 소리가 너무 커서 그때 사실 난 너무 놀랐어.

(1) 집을 꾸며
(2) 명절을 맞아
(3) 차례를 지내요
(4) 퍼레이드를 한
(5) 폭죽이 터지는

문법 4

3. (1) A 여기에 자주 와요?
B 네. 이 스포츠 센터는 집에서 가깝기도 하고 새 운동 기구도 많아서 자주 와요.

(2) A 여기에 자주 와요?
B 네. 이 식당은 반찬이 많이 나오기도 하고 음식도 맛있어서 자주 와요.

(3) A 여기에 자주 와요?
B 네. 이 미용실은 친구가 좋다고 추천하기도 했고 파마도 그렇게 비싸지 않아서 자주 와요.

(4) A 선물이 마음에 들어요?
B 네. 두꺼운 목도리가 없기도 하고 지금 이 코트에도 어울릴 것 같아서 마음에 들어요.

(5) A 선물이 마음에 들어요?
B 네. 이 신발이 유명한 브랜드이기도 하고 신고 다니기도 편해서 마음에 들어요.

(6) A 선물이 마음에 들어요?
B 네. 이 볼펜이 부드럽게 잘 써지기도 하고 지우개로도 지워져서 마음에 들어요.

읽고 쓰기

2.

공통점	• 가을에 추수한 것을 감사의 의미로 바친다. • 가족들이 모여 명절 음식을 같이 먹으면서 축하하고 기념한다.

3. (1) ③ (2) ② (3) ①
   (4) 농업이 중심이던 예전에는 농사가 가장 중요했다. 그래서 농사가 잘되면 그것에 대해 감사했는데 이것에서 비롯되었다.

6단원 | 소비와 절약

도입

1. 쇼타 내가 취미가 많아서 그런지 문화생활비가 좀 많이 드는 것 같아.
   위칭 나도 문화생활비로 돈을 꽤 쓰긴 하지만 따져 보면 월세가 제일 많이 나가는 것 같아.
2. 안나 그 가방 비쌀 텐데 백화점에서 샀어?
   진차오 아니. 인터넷으로 샀지. 인터넷에서 30% 할인받아서 싸게 샀어.
3. 다샤 저는 쇼핑하기 전에 계획을 세우고 필요 없는 물건은 사지 않아요.
   조슈아 전 별 계획 없이 제 맘에 들면 바로 사는 편인데 다샤 씨는 알뜰하네요.

1. A 2. C 3. B

1 외식을 줄이고 보니 식비가 절약됐어요

어휘와 표현 1

2. (1) A 안나 씨, 왜 요즘은 외식을 안 해요?
   B 식당마다 음식 가격이 올라서 먹는 데 돈을 좀 아끼고 싶어서요.
   (2) A 다샤, 이번 달 전기 요금이 만 원도 안 나왔다고? 어떻게 그렇게 조금밖에 안 나왔어?
   B 지난달에 수도 요금하고 전기 요금이 너무 많이 나와서 전기 요금부터 줄이려고 안 쓰는 플러그는 다 빼고 필요 없는 전등도 바로 꺼 놓았거든.
   (3) A 올리버 씨, 어떻게 마트에서 돈을 안 내고 과일을 샀어요?
   B 거기서 결제할 때마다 포인트를 챙겼는데 많이 쌓여서 오늘은 그동안 모은 포인트로 샀어요.
   (4) A 유나야, 새 책상을 싸게 샀다면서? 세일할 때 샀어?
   B 아니야. 좀 저렴하게 사고 싶어서 그 매장에 놓여 있던 책상을 샀어. 흠도 없고 싸서 좋았어.
   (5) A 진영 씨, 그 운동화를 아직 안 샀어요?
   B 네. 좀 비싸서 가장 싸게 파는 곳이 어디인지 인터넷에서 찾아보고 있어요.

(1) 식비를 줄이려고
(2) 공과금을 절약하기
(3) 적립한 포인트로
(4) 전시 상품을 사서
(5) 최저가를 검색하고

문법 1

1. A 조슈아 씨, 이번 방학에 뭐 할지 정했어요?
   B 아직요. 방학 내내 집에서 푹 쉬든지 고향에 다녀오든지 하려고요.

(1)

3. 학생 A

질문하세요!

질문	대답		
(1) 저녁 식사 준비 방법	☑ 짜장면을 시키다	☑ 집에서 간단하게 먹다	☐ 집 앞 식당에서 외식하다
(2) 동아리 공연 홍보 방법	☑ 초대장을 나눠 주다	☐ 소셜 미디어에 올리다	☑ 포스터를 게시판에 붙이다
(3) 다툰 친구와 화해 방법	☑ 만나서 직접 사과하다	☐ 문자 메시지를 보내다	☑ 사과의 이메일을 쓰다
(4) 보고서 자료 조사 방법	☐ 인터넷에서 검색하다	☑ 신문 기사를 살펴보다	☑ 도서관에서 자료를 찾다

(1) A 저녁 식사를 어떻게 준비할까요?
B 짜장면을 시키든지 집에서 간단하게 먹든지 다 괜찮아요.

(2) A 동아리 공연을 어떻게 홍보할까요?
B 초대장을 나눠 주든지 포스터를 게시판에 붙이든지 다 괜찮아요.

(3) A 다툰 친구와 어떻게 화해할까요?
B 만나서 직접 사과하든지 사과의 이메일을 쓰든지 다 괜찮아요.

(4) A 보고서 자료를 어떻게 조사할까요?
B 신문 기사를 살펴보든지 도서관에서 자료를 찾든지 다 괜찮아요.

학생 B

질문하세요!

질문	대답		
(5) 공과금 납부 방법	☑ 계좌로 보내다	□ 카드로 결제하다	☑ 은행에서 납부하다
(6) 면접시험 준비 방법	☑ 면접 관련 책을 읽다	☑ 취직한 선배에게 묻다	□ 예상 질문 목록을 만들다
(7) 온라인 쇼핑몰 연락 방법	□ 전화를 걸다	☑ 앱에서 문자로 상담하다	☑ 고객 게시판에 글을 쓰다
(8) 친구 생일 케이크 준비 방법	☑ 직접 만들다	☑ 빵집에서 사다	□ 전문점에서 주문 제작하다

(5) B 공과금을 어떻게 납부할까요?
A 계좌로 보내든지 은행에서 납부하든지 다 괜찮아요.

(6) B 면접시험을 어떻게 준비할까요?
A 면접 관련 책을 읽든지 취직한 선배에게 묻든지 다 괜찮아요.

(7) B 온라인 쇼핑몰에 어떻게 연락할까요?
A 앱에서 문자로 상담하든지 고객 게시판에 글을 쓰든지 다 괜찮아요.

(8) B 친구 생일 케이크를 어떻게 준비할까요?
A 직접 만들든지 빵집에서 사든지 다 괜찮아요.

문법 2

1. (1) A 쇼타, 너도 태권도 기초반에 등록했지? 나도 그 반에 등록했는데 난 운동에 소질이 없어서 걱정이야.
B 기초반이라서 쉬운 거부터 가르쳐 줄 거야. 등록했으니까 일단 첫 수업부터 듣고 보자.

(2) A 진영 씨, 똑같은 책이 두 권 있네요. 일부러 두 권을 샀어요?
B 아니에요. 어제 책을 사고 보니 똑같은 책이 집에 있었어요. 전에 언니가 샀나 봐요.

(1) ① (2) ②

3. (1) A 내일 이사인데 무슨 짐부터 싸야 할지 몰라서 고민하고 있어.
B 다른 짐은 나중에 싸고 중요한 물건부터 챙기고 보자.

(2) A 이번에 할인받으면 다음에 할인받을 수 없어서 고민하고 있어.
B 다음에 여기서 쇼핑 안 할 수도 있으니까 지금 할인받고 보자.

(3) A 그 음식을 주문하고 싶은데 입맛에 안 맞을 것 같아서 고민하고 있어.
B 배고프니까 우선 시키고 보자.

(4) A 토요일이 파티인데 파티 장식을 어떻게 할지 몰라서 고민하고 있어.
B 인터넷에 파티 장식 사진이 많으니까 검색부터 하고 보자.

(5) A 뮤지컬 표를 예매하려고 하는데 남아 있는 자리가 좋지 않아서 고민하고 있어.
B 취소해도 되니까 예매하고 보자.

(6) A 친구 생일에 액세서리를 만들어 주고 싶은데 잘 만들 자신이 없어서 고민하고 있어.
B 예쁘지 않으면 다른 선물을 줘도 되니까 같이 만들고 보자.

듣기

2. 쇼타 루이즈, 지난달 우리 집 전기료가 10만 원이나 나왔어. 넌 보통 전기료를 얼마나 내?

루이즈 난 보통 3만 원 정도 내. 쇼타, 넌 혼자 사는데 전기료가 10만 원이나 나온 건 뭐가 잘못된 거 아니야?

쇼타 지난달에 너무 더워서 에어컨을 계속 켰거든. 전기료 같은 공과금이 많이 나오니까 생활비가 부족해. 루이즈, 넌 어때?

루이즈 나도 생활비 때문에 걱정이야. 모임도 많고 외식을 거의 매일 하다시피 하니까 생활비 중 식비로 쓰는 게 너무 많아.

쇼타 식비는 나도 많이 써. 근데 식비나 공과금은 생활하는데 꼭 필요한 돈이니까 지출을 줄이기 힘들지 않을까?

루이즈 그렇지 않대. 절약 방법을 알려 주는 방송을 보니까 식비는 공과금보다 더 줄이기 쉽대. 장을 조금씩 자주 보든지 간식을 줄이든지 음료수를 사 먹는 대신에 집에서 물을 가지고 나가든지 하면 식비가 많이 절약된다고 하던데.

쇼타 그렇겠네. 나도 얼마 전에 진영이한테 들었는데 외식을 일주일에 두 번 정도로 줄이고 보니 식비가 생각보다 훨씬 줄었대. 우리도 같이 생활비를 줄여 볼까?

루이즈 그래. 외식비같이 일단 줄일 수 있는 것부터 어떻게든지 줄이고 보자. 그러고 나서 각자 생활 속에서 무리하지 않고 더 절약할 수 있는 게 있는지 찾아보는 게 좋겠어.

(1) ③ (2) ② (3) ②

2 공동 구매하면 할인되거니와 편리해서 좋습니다

문법 3

3. (1) A 요즘 왜 이게 잘 팔린다고 생각하십니까?
B 그 토마토는 열량이 높지 않거니와 영양도 풍부해서 잘 팔리는 것 같습니다.

(2) A 요즘 왜 이게 잘 팔린다고 생각하십니까?
B 그 전화는 화면이 크고 가볍거니와 카메라 기능도 좋아서 잘 팔리는 것 같습니다.

(3) A 요즘 왜 이게 잘 팔린다고 생각하십니까?
B 그 운동화는 유명한 연예인들이 많이 신었거니와 광고가 자주 나와서 잘 팔리는 것 같습니다.

(4) A 요즘 왜 이게 잘 안 팔린다고 생각하십니까?
B 그 아이스크림은 너무 달거니와 양이 적은데 가격이 비싸서 잘 안 팔리는 것 같습니다.

(5) A 요즘 왜 이게 잘 안 팔린다고 생각하십니까?
B 그 가방 디자인은 유행이 지났거니와 무게가 꽤 나가서 잘 안 팔리는 것 같습니다.

(6) A 요즘 왜 이게 잘 안 팔린다고 생각하십니까?
B 그 청소기는 사용 방법이 복잡하거니와 배터리가 오래가지 않아서 잘 안 팔리는 것 같습니다.

듣고 쓰기

2. 절약왕 안녕하세요, 구독자 여러분! 절약 정보를 알려 드리는 절약왕이에요. 오늘은 생활비 절약법을 알려 드리려고요. 돈을 아껴 쓰려고 해도 언제 얼마나 쓰는지 잘 모르면 아낄 수가 없죠? 그러니까 생활비를 줄이려면 먼저 자신의 수입을 정확하게 알아야 하거니와 지출도 정확하게 파악해야 해요. 그런 다음에 불필요한 지출을 줄여야 돼요. 그래서 오늘은 생활비 달력을 소개하려고 하는데요. 여러분, 달력 아시죠? 달력으로 생활비 달력을 만드는 건데요. 달력에 한 달 동안 매일 쓸 수 있는 돈을 미리 정해서 써 놓고 그만큼만 돈을 지출하는 거예요. 이것 좀 보세요. 이게 제 생활비 달력인데요. 평일에는 12,000원, 주말에는 25,000원을 쓰는 것으로 적혀 있지요? 월세, 휴대 전화비와 같이 항상 고정으로 나가는 걸 빼면 한 달에 50만 원 정도를 쓰고 있어요. 그리고 저는 가계부도 적는데요. 매일 쓴 금액은 가계부에 적어 놓고 남은 돈은 저축하든지 돈이 부족한 날에 쓰든지 해요. 이렇게 하루 지출 금액이 정해져 있으면 커피를 마시거나 작은 물건을 살 때도 신중해져요.

생활비 달력과 가계부를 꾸준히 사용하고 보니 쓸데없이 쓰는 돈을 줄일 수 있었거니와 제 지출 내역에 대해서도 명확하게 알게 됐어요. 여러분도 한번 해 보세요.

(2) 1) 자신의 수입을 정확하게 알아야 하거니와 지출도 정확하게 파악해야 해요.
2) 달력에 한 달 동안 매일 쓸 수 있는 돈을 미리 정해서 써 놓고 그만큼만 돈을 지출하는 거예요.
3) ①

3. (2) (예시)

절약 정보를 알려 주는 절약왕이 생활비 절약법에 대해 소개해요. 생활비를 줄이려면 먼저 자신의 수입을 정확하게 알아야 하거니와 지출도 정확하게 파악해야 해요. 그리고 불필요한 지출을 줄여야 돼요. 그래서 오늘은 생활비 달력을 소개해요. 생활비 달력은 달력에 한 달 동안 매일 쓸 수 있는 돈을 미리 정해서 써 놓고 그만큼만 돈을 지출하는 거예요. 절약왕은 고정으로 나가는 걸 빼면 한 달에 50만 원 정도를 쓰고 있어요. 매일 쓴 금액은 가계부에 적어 놓고 남은 돈은 저축하든지 돈이 부족한 날에 쓰든지 해요. 절약왕은 생활비 달력과 가계부를 꾸준히 사용하고 보니 쓸데없이 쓰는 돈을 줄일 수 있었거니와 지출 내역에 대해서도 명확하게 알게 됐어요.

읽고 말하기

2.

공동 구매가 뭐예요?	둘 이상의 사람이 단체로 같은 물건을 구매하는 것이다.
공동 구매의 장점이 뭐예요?	소비자는 각자 구입할 때보다 싼 가격으로 물건을 살 수 있고 판매자는 홍보를 적게 해도 하나의 상품을 많은 소비자에게 한꺼번에 대량으로 팔아 수익을 낼 수 있다.
공동 구매가 어디까지 확대됐어요?	식료품에서부터 전자제품, 의류, 액세서리 등에 이르기까지 더욱 다양해졌다. 해외에 있는 물건을 살 때 드는 배송비 부담을 줄일 수 있거니와 시중에서 개인적으로 구하기 어려운 물건을 살 수도 있다.

3 용돈을 받자마자 다 써 버렸어요

문법 4

1. 요즘 친구들과 노느라고 숙제를 제때 하지 못해 결국 숙제가 산더미처럼 쌓이고 말았다. 마음먹고 일요일 밤늦게까지 밀린 숙제를 해서 숙제를 모두 **끝내 버렸다**. 그런데 월요일 아침에 늦잠을 자는 바람에 학교에 결석해 버렸다. 앞으로는 절대 숙제를 미루지 않을 것이다.

3. (3) A 왜 그래요? 무슨 일이 있어요?
B 조카들이 와서 주스를 다 마셔 버렸어요.

(4) A 정말요? 그런데 이 샐러드는 어떻게 된 거예요?
B 고양이가 쳐서 샐러드가 쏟아져 버렸어요.

(5) A 왜 그래요? 무슨 일이 있어요?
B 조카들이 와서 풍선 장식을 뜯어 버렸어요.

(6) A 정말요? 그런데 이 꽃병은 어떻게 된 거예요?
B 식탁에서 떨어져서 꽃병이 깨져 버렸어요.

읽고 쓰기

2.

단락	중심 내용
1	과소비 현상이 젊은이들에게도 많이 나타난다.
2, 3	25살 박 모 씨는 스트레스를 풀기 위해, 30살 이 모 씨는 자신의 소비를 자랑하기 위해 과소비를 한다.
4	소비하는 것을 무조건 비난할 수 없지만 과소비에 대해 다시 생각해 봐야 한다.

3. (1) ② (2) ② (3) ③
(4) 과거에는 이런 과소비 문제가 일부 사람들에게 해당됐지만 이제는 주변에서 흔히 볼 수 있기 때문에 더 심각한 문제가 되었다고 했다.

찾아보기

집 필 진

수석 책임 연구원

김현진 이화여자대학교 언어교육원 특임교수
이화여자대학교 독어독문학과 박사

책임 연구원

배재원 이화여자대학교 언어교육원 특임교수
이화여자대학교 한국학과 박사

이민경 이화여자대학교 언어교육원 특임교수
이화여자대학교 한국학과 박사

공동 연구원

윤여옥 이화여자대학교 언어교육원 책임강사
이화여자대학교 한국학과 석사

전우주 이화여자대학교 언어교육원 책임강사
이화여자대학교 한국학과 박사 수료

최형연 이화여자대학교 언어교육원 책임강사
이화여자대학교 한국학과 석사

주현하 이화여자대학교 언어교육원 책임강사
이화여자대학교 한국학과 박사